UNIVERSITY OF NORTH CAROLINA
STUDIES IN THE ROMANCE LANGUAGES AND LITERATURES
Number 38

PIERRE GRINGORE'S LES
FANTASIES DE MERE SOTE

PIERRE GRINGORE'S LES FANTASIES DE MERE SOTE

EDITED BY

R. L. FRAUTSCHI

CHAPEL HILL
THE UNIVERSITY OF NORTH CAROLINA PRESS
1962

Depósito Legal: V. 2.914 - 1961

Printed in Spain - Talleres Tipográficos de la Editorial Castalia - Valencia, 1962

TABLE OF CONTENTS

	Page
PREFACE	11
INTRODUCTION	13
Themes and Structure	13
Prose Style and Prosody	19
The Editions of "Les Fantasies de Mere Sote"	21
Earliest Editions	23
Editions Published c. 1520 and c. 1530	28
The Edition of 1538	35
Unverified editions	37
The Text of the Present Edition	38
LES FANTASIES DE MERE SOTE	41
APPENDIX I: Privilege of 27 October 1516	223
APPENDIX II: Glossary	225

I wish to express my appreciation to the Smith Fund and the Research Council of the University of North Carolina for their generous assistance in defraying the not inconsiderable costs of material and publication. My warm thanks are due Marcel Françon, U. T. Holmes, Jr., John E. Keller, K.-L. Selig and my wife for their counsel in the preparation of the text.

PREFACE

The numerous editions of *Les Fantasies de Mere Sote* published between 1516 (?) and 1551 mark this collection of moralized tales as one of Gringore's most popular pieces *vis à vis* his contemporaries. If the *Fantasies* approach in number the fourteen editions of the author's *Chasteau de Labour*, their initial success belies the virtual neglect of the text among succeeding generations. The lacuna ensuing from this descending literary fortune has never been rectified by the projected but presently inadequate *Oeuvres complètes de Gringore* in the Bibliothèque Elzevirienne series (Paris, 1858-77). The present edition, then, may rekindle interest in this task.

Aside from the utility of rendering more accessible a text by one of the most productive poets and dramatists of early sixteenth century France, the *Fantasies* are of interest as Gringore's sole extensive excursion into the domain of exemplum literature. The terminal[1] as well as the longest piece to appear before his departure as *héraut d'armes* for the court of Anthoine de Lorraine, the *Fantasies* reflect the initial years of Francis the First's reign. Gringore's adaptation of his principal source, the *Gesta Romanorum* creates a curious blend of the religious and instructional types of exempla[2] for which a prototype can be found, for example, in Christine de Pisan's *Epître*

---

[1] I exclude the MS: "Le Couronnement, sacre et entree de la Royne (Claude de France) a Paris," 9 May 1517. See Charles Oulmont, *Pierre Gringore* (Paris, 1911), pp. 46-48, et passim. I am indebted to Oulmont for his comprehensive study of Gringore. See also his *Etude sur la langue de Pierre Gringore* (Paris, 1911), pp. vii, 156.

[2] For the distinction consult J. A. Mosher, *The Exemplum in the Early Religious and Didactic Literature of England* (New York, 1911), esp. Chapters V and VI. Cf. Salvatore Battaglia, "L'esempio medievale," *Filologia Romanza*, VI, I (1959), 45-82.

d'Othée.[3] Again, as a mirror of taste in their uneven mixture of prose and verse, the reeditions of the *Fantasies* manifest until the critical years of the 1530's a lingering acceptance of late fifteenth century didactic literature rather than concerted innovations of intention and form. Finally, the *Fantasies* should be included in the corpus of short prose fiction as it evolves in the early French Renaissance.

---

[3] Brunet (I, cols 1855-6) notes the appearance of a Parisian edition, 1490?: *Les cent histoires de troye. Lespistre de Othea deesse de prudence envoyee a lesperit chevalereux Hector de troye, avec cent histoires.* For further discussion of this type of prose-verse narrative followed by a dual level of moral application see James D. Gordon, *The Epistle of Othea to Hector* (Diss.). Phila., 1942. p. 172. There is, of course, a coincidental parallel between Christine's wise Othea and Gringore's theatrical personage, Mère Sotte, between Hector and Francis the First, or Anthoine de Lorraine.

INTRODUCTION

Themes and Structure

If the intention of Gringore in *Les Fantasies de Mere Sote* was to apply to his own day twenty-seven historical or legendary tales interpreted in the *Gesta Romanorum* as Christian allegory, certain external circumstances suggest why he turned to this genre. The newly crowned Francis had recently forced the Parlement de Paris to forbid the production of political satire on the stage (15 January 1516).[4] Later the same year the Treaty of Noyon (13 August) between Charles of Luxemburg (Charles I of Spain) and Francis, the Concordat (18 August) produced a temporary peace shortly before the date of the royal privilege to publish the collection (27 october).[5]

The decision to adapt the *Gesta* rather than risk chances with a more original work can be explained, in part, by a need to conform to the changed political scene, to impress a future patron, now that the protection of Louis XII was no longer available, and, as the pri-

---

[4] Oulmont, op. cit., pp. 15-6.
[5] See *Catalogue des actes de François Ier* (Paris, 1887-92), esp. I (I janvier 1516-31 décembre 1530), 85, No. 503; V (Supplément, 1515-26), 295, No. 16194 and 301, No. 16226. For reference to additional treaties and projected alliances following the Noyon and Concordat agreements see in volume V the items 16245 (the mission of Guillaume and Denis Briçonnet to negotiate leagues with Leon X, Florence, the Duke of Urbino and the Medicis —3 November 1516) and 16268 (the *paix perpétuelle* of Fribourg with the Swiss cantons, an agreement which afforded Francis with a ready source of mercenaries— 7 December 1516). Francis was not present at negotiations held in the town of Noyon, nor was presumably Gringore (cf. the allusion to the Noyon and Concordat agreements in the proem of tale VIII). The Noyon treaty was publicly proclaimed in Paris on 23 August. See *Cronique du Roy Francoys Premier*, ed. Guiffrey (Paris, 1860), p. 21.

vilege suggests, to make an honest profit. As such the *Gesta* provided Gringore with a popular yet orthodox source.[6] That Gringore already had a certain familiarity with the Latin collection is attested by an example versified in *Les Folles entreprises* (1505).[7]

In the Prologue to the *Fantasies* Gringore clearly states his purpose:

> Ce qui m'a fait en ma fantasie mettre
> Plusieurs propos tant en prose que en mettre,
> C'est qu'en l'Eglise ay vu scismes, erreurs,
> Et sur les champs gens differens erreurs.

Dissensions, political and religious, are the point of departure for the *fantasies* to follow. Gringore uses the term here in the sense of "vision" or "imagination", that is, a set of visionary or idealistic moral attitudes which he applies to the exigencies of the present.[8]

These moralistic pronouncements, which contrast what "is" with what "ought to be", are presented in the guise of a theatrical personage, Mère Sotte. Her importance as a stock character in late medieval comedy rivals, of course, that of the Prince des Sots; also, she is popularly understood, in 1516, as a *sobriquet* for Gringore. As in the later *Menus propos* Gringore simply affixes his theatrical creation

---

[6] At least ten Parisian editions of the *Gesta* appeared before 1516. See J. G. T. Graesse, *Trésor*, III, 74; Brunet, *Manuel*, II, cols. 1750-51. *Le Violier des histoires romaines*, an anonymous translation of the *Gesta*, does not appear until 1521. Comparison of the *Fantasies* and *Violier* reveals no common Latin version as source for each. For the enormous number of *Gesta* MSS see Oesterley (*Gesta*, pp. 5-8) who located 138 copies. Welter (*L'Exemplum*, p. 373, note) identified another thirty. Cf. J. Mosher, *The Exemplum*, p. 79, note. For the problem of geographical origins and authorship, aside from the discussions of Oesterley, Swan, Herrtage, et. al. see M. J. Kripensky, "Quelques remarques relatives à l'histoire des *Gesta Romanorum*," Le Moyen Age, XV (1911), 307-21, 346-67.

[7] Consult P. Gringore, *Oeuvres*, ed. Ch. d'Héricault and A. de Montaiglon, I (Paris, 1858), 43-4. The motif —unjust judge flayed— is catalogued in the Thompson *Motif-Index*: J 167 (*Gesta Romanorum* 29). Cf. *Gesta*, ed. Oesterley, 51, pp. 348-9; ed. Swan, LI, p. 149. Another exemplum tale in *Les Abus du monde* (1509) is possibly appropriated from the *Gesta* (cited by H. Guy, *Histoire de la poésie française au XVI*[e] *siècle*, I (Paris, 1910), 573.

[8] O. Bloch and W. Von Wartburg, *Dictionnaire étymologique*, I (Paris, 1932), 289: A. Dauzat, *Dictionnaire étymologique* (Paris, 1928), p. 314. For the verb forms (*fantasier*) see Glossary.

to a non-theatrical work, relying, in part, upon the publicity value derived from the association of his name with that of Mère Sotte, to effect the transposition. Furthermore, the ascription of the ensuing *fantasies* to Mère Sotte rather than to Gringore himself is understood by examination of the function of this "comic" character. Traditionally, the *sottie* condones a large measure of free expression, masked, however, as foolishness or madness. In the *Fantasies* Gringore assumes through Mère Sotte the same prerogative. However, he applies the licence here to the expression of conservative moral ideals: a defence of existing institutions and, given the current peace treaties, to the maintenance of the status quo. Given his identification with Mère Sotte, Gringore, by implication, but never directly, sanctions through her immunity and authority as a dramatic personage the sober drama of his exemplary visions.

If the Prologue reviews the political turbulence prior to the "pacific" reign of Francis, in the proem to the first tale Mère Sotte updates the political scene. Peace now prevails. The reality of peace, the treaties of 1516, serve as a frame for the didactic fantasies to follow.

First in importance is the vision of the good Prince. In more than one third of the verse commentaries Mère Sotte exhorts all princes and lords to maintain the peace by profiting from her examples of wise and foolish conduct.[9] The opaque quality of these apostrophes expresses an official attitude of concord toward some of France's recent foreign opponents, if not factious elements within the country. In other commentaries Gringore enlarges his applications to include judges, courtiers, clerics and finally the public at large. Again the social positions rather than the individuals concerned are paramount. This emphasis on social categories is iterated in the body of the text by a virtual absence of the secular allegorical stereotypes enumerated in the Prologue.

Parallelly, the theme of political peace merges quickly into broader notions of civic and moral rectitude, the vices and virtues which he observes *au temps present:* deceits and attributes of women, human

---

[9] See, for example, nos 1, 2, 3, 5, 8, 15, 16, 22, 26, 27. Variations on the themes of peace, the good prince, the relationship of Church and state..., are commonplace in Gringore's repertory: e. g. *Le jeu du prince des sotz, Les Menus Propos*.

frailties such as greed and envy, the importance of education for youth... If these precepts appear uninspired, conventional and reoccur in a mechanical and seemingly arbitrary fashion, they do pretend to interpret the *Gesta* tales in terms of a particular historical moment.

Yet Gringore consistently retains in his borrowings the ecclesiastical tropologies following each *Gesta* narration and which explain as Christian allegory the characters, trappings and events of the tale. In the *Fantasies* Gringore makes his secular points before presenting the *Gesta* story as an illustration. The same tale, therefore, must function simultaneously as a basis for the following religious application. This structural sequence poses a major problem for the author, given his intention to relate the *Gesta* material to the present moment. However, from a Catholic point of view, the intention to glorify two sets of "magistrates", civil and ecclesiastical, theoretically (and actually) governing a united and, momentarily, peaceful Christendom is perfectly legitimate.[10]

If a number of cohesive or at least recurrent thematic elements are evident in the *Fantasies,* an analysis of the entire structure reveals several modifications as the work progresses. Only the first tale is transcribed entirely in verse as is the accompanying *Gesta* moralization.[11] Possibly Gringore wrote it at an earlier date. Or perhaps he could not sustain in verse a large number of *Gesta* selections. The structural pattern of exempla II through X is: verse proem, *Gesta* narrative, occasionally ornamented with verse,[12] *Gesta* moralization, and verse epilogue. Exceptionally Tale VII has no epilogue and pre-figures a change in this quadripartite plan. Starting with the eleventh tale the verse epilogue is consistently omitted.

These changes reflect Gringore's difficulty adapting the *Gesta* to a more secular perspective. He abandons a consistant verse form. He also drops the verse epilogues whose function was to unify the preceeding parts. This leaves over two-thirds of the selections with a secular and sacred application, each independent. Not only do the tales have an ambivalent role as examples of the two moral levels,

---

[10] See J. W. Allen, *A History of Political Thought in the Sixteenth Century* (New York, 1928), p. 5.

[11] The versified tale resembles in form Gringore's use of the exemplum in *Les Folles Entreprises.* See supra.

[12] Excluding the first, entirely in verse, seven stories have verse amplifications: 2, 5, 7, 12, 17, 20, 24.

they are also the sole connecting agent. Since the *Gesta* tales are not classified as to content or application,[13] we can assume that Gringore chose each story in view of its suitability to illustrate some aspect of the contemporary scene. Yet the diversity of the narrative content precludes a facile continuity of theme between the tales. As such the author must either modify the story to fit his moral objectives or alter the moral to the narrative.

To illustrate the dilemma, there are several "narratives" which Gringore leaves virtually untouched. These are short pieces which present a static situation such as the lamb sacrificed as a peace offering (No. 8) or the sages meditating Alexander's death (No. 16). Their application to civic morality is obvious. A large majority of the borrowings, however, have an extended narrative development which Gringore heightens. In these, although there is usually an authoritarian figure such as an emperor, judge, prelate, the action itself infrequently implies a particular interpretation of the human conduct described.[14] The *Gesta,* in this respect, more easily incorporates dramatic, erotic or pagan elements since these details are interpreted as Christian allegory. Also, the historical distance of the examples in the *Gesta* is blurred by Gringore.[15] References to Romans by name or time are frequently replaced by such extratemporal locutions as "a king". Furthermore, Gringore, because of the narrative complexity of the tale, can extract only a limited number of remarks which relate to his temporal themes. Thus a large segment of almost every tale, unlike the *Gesta,* has no direct relation to the author's moral purpose and is ineffective on this level as an example by which his contemporaries might benefit.

As we observe Gringore's efforts to fit the *Gesta* material into the more secular frame of the *Fantasies,* there are two categories of

---

[13] J. Mosher, *The Exemplum,* p. 80.
[14] A significant exception occurs in Gringore's treatment of tale 9: "Comme ung homme peulit saulver une nation par endurer peine voluntaire." The *Gesta* versions [ed. H. von Oesterley (Berlin, 1872) XLIII (XLII), pp. 341-2; eds. C. Swan-W. Hooper (New York, 1959), XLIII, pp. 77-8] recount that the Roman nobleman agreed to leap into the mysterious abyss only after a year of unbridled luxury. Gringore deletes this hedonistic condition and has the nobleman plunge immediately into the pit.
[15] Cf. R. L. Frautschi, "Some New Sources of *Le Grand Paragon des nouvelles nouvelles,*" SP, LVII, I (1960), 30-43. The obliteration of awkward traces of the original is hardly an uncommon practice.

textual changes seemingly irrelevant to any homiletic intention. These are: minor changes of phrasing which we can assume but cannot verify because of the uncertainty as to which version of the *Gesta*, manuscript or printed, was actually the author's immediate source; amplifications or embellishments of the narratives which counter the tendancy to merely rephrase or abridge the *Gesta* tales and moral applications. In a sense, once Gringore has established his temporal applications he is free to treat the tale as an end in itself.

De beneficiorum oblivione et ingratitudine.

Quedam domina nobilis paciebatur multas injurias a quodam tyranno, qui vastebat ejus terram. Illa hoc audiens cotidie lachrimas emisit et in amaritudinem est anima posita.

(*Gesta,* ed. Oesterley, No. 25, p. 321.)

Exemple

Une noble dame et princesse gouverna son royaulme paisiblement et se fist aimer à ses subjectz tant que par tout en couroit la renommee. Et ce voyant ung prince cruel et tyrant en fut envieux et eut fantasie de destruire elle et son royaulme, car pour ce faire il se mist en armes. La dame et princesse, advertie de ce cas, considera qu'elle estoit insuffisante et peu forte pour deffendre dudict tyrant qui avoit mis le siege devant sa forteresse, et toutesfois avoit courage de resister à sa fierté et tyrannie. Mais elle congneut qu'il luy estoit impossible; parquoy souventesfois ploroit et faisoit plusieurs regrets.

(*Fantasies,* 14.)

The above prolixities and redundancies obscure, but do not hide completely Gringore's effort to make the precarious position of the *noble dame et princesse* more evident. The immorality of the tyrant is underlined, whereas the passive character of the lady is enriched with fortitude. Essentially the same application in secular terms could be drawn from either version. But Gringore intensifies the situation and characters, clumsily to be sure, in terms of a moral, that is human, predicament. The result is two-fold. By perfecting the dramatic situation Gringore hopes, perhaps, to make the tale more susceptible to his didactic purpose. At the same time the tale acquires its own justification. No longer just an allegorical agent,

INTRODUCTION 19

just an example, it now serves *pour donner plaisir et recreation aux lysans et escoutans*.[16]

We observe, then, an initial purpose to juxtapose the *Gesta* exempla and ecclesiastical instructions to a more secular and localized frame. Yet the author's dicta continue interminably and in slight rapport with the Latin narratives and Christian applications. The presence of disparate elements in the themes and *Gesta* borrowings, plus the inadequacy of the structure shift the interest from a comprehensive moral perspective to the disjointed parts. The fragmentary quality of the *Fantasies* results in large measure from the author's insistence upon retaining the *Gesta* moralizations. This rigidity, the dual level of moral application and the unrelatedness of the tales vitiate the unifying elements. The exemplary function of the stories becomes less meaningful in this moralistic maze. However, thanks to the author's amplifications, they survive primarily as secular narratives, which many of them were originally.

Gringore may well have used the device of the *fantasie* expounded through the figure of Mère Sotte because this allowed a more fluid interpretation of the *Gesta*. Yet he struggles to impose a structural unity and second moral perspective to the collection. When this falters, he compensates with embroideries.[17]

Prose Style and Prosody

The prose passages in the *Fantasies* offer, typically, a tendency to accumulate, to lengthen, to repeat, qualities which are hardly in favor today. The sentence structure is akwardly articulated; conjunctions,

---

[16] See privilege, Appendix I. For the secularization of the exemplum in the late Middle Ages consult. J.-Th. Welter, *L'Exemplum*, esp. pp. 445-51: J. Ferrier, *Forerunners of the French Novel* (Manchester, 1954), p. 39 et passim. In view of this development note should be taken of the attempts of the fifth general Lateran Council (1516) to curb the amusing or anecdotal elements found in the exempla of certain preachers.

[17] The esthetic principles outlined here relate both to the evolution of *exemplum* literature and to the poetry of the *Grands Rhétoriqueurs*. Gringore's intention to inject several levels of elucidation into the *Gesta* tales perpetuates, theoretically, "le principe (des Rhétoriqueurs) qui assurait la cohérence dans la multiplicité" [Mario Maurin, "La Poétique de Chastellain et la 'Grande Rhétorique'," *PMLA*, LXXIV, 4 (Sept. 1959), 484].

relative or subordinate clauses follow interminably. Referents, subject or object, are on occasion ambiguous. Gringore accumulates enumerations, redundancies, latinisms, juxtaposes a learned with a popular word having the same meaning. Infrequently is the sentence rapid in movement. Also characteristic is the mixture of tenses in a given sentence: *Si lui monstra au mieulx qu'il peut...* Imagery and metaphor are rare. Rather, the syntactical and stylistic traits recall the delight noted above in cumbersome, repetitive detail, frequently to the detriment of the whole.

Of interest are the types of verse and their frequency. Among the late medieval fixed forms still current in the early sinteenth century we find in the *Fantasies* that the "regular" *rondeau* (Aabba aabR aabbaR) is used, for example, in tales II and XVII. The latter unit also contains a *rondeau redoublé* and an irregular *rondeau* (Abba AbR AbbaR). The *ballade* occurs in VIII with *envoi*. An *épître* is found in XII. Variations of the so-called *ballade fatrisée* and *rime enchaînée (fatrisée)* appear in XVI and XX.

The scarcity of fixed forms contrasts with the variety of stanzaic verse. Unless otherwise noted the ten syllable line predominates. Examples of type and rhyme scheme follow: *couplets* (Introd. and I); *quatrains* (V, abba) (VII, abab); *quintain* (X, ababb); *septain* (II, ababbcc) (XXIV, ababbcc); *huitain* (I, abaabbcc) (II, abaabbcc) (IV, ababbccb) (VI, ababbcbc) (VII, aababbcc) (IX, abababab) (XX, ababbcbc/ 8 syll.) (XXV, abaabbcc); *neuvain* (II, ababbccaa, aabaabbcc) (VI, ababbcbbc) (VII, aabaabbcc) (XVIII, aabaabbcc); *dizain* (V, abaabbcbcc) (XV, aabaabaabb) (XXI, ababbbcbbc) (XXVI, abbbaacaac): *onzain* (II, abaabbccaca) (XI, ababbabaacc) (XIII, abaabbccaa) (XXIII, aababbccaca) (XXVII, abaabbcbbbc); *douzain* (III, abbaacaccddc) (IV, abbaacaccddc) (XIV, ababbabaabab) (XIX, aabaabbbabba / 444444448888); *quatorzain* (Acrostich, abababcdccddee); *s e i z a i n* (XII, abacccbbbbaaaacc / 101010 44410444104441010).

The *huitain* stanza is most frequently repeated but, as with the other stanzas, with considerable variety in rhyme scheme. Although many of the stanza forms qualify technically as "lyric," their predominance over fixed forms is understood because of the moralistic rather than conventionally lyric subject matter in the proems and epilogues. The use of fixed forms in these positions is exceptional.

but not inappropriate. Also, Gringore at time maintains a certain formal unity of stanzaic rhyme and meter within the parts of a given exemplum. For instance, Tale V uses *dizain* stanzas (excluding one introductory *quatrain*) in the proem, narrative and epilogue. Yet the impression of constant if modest metrical variations throughout the *Fantasies* prevails.

Gringore is little inclined to cultivate the more complicated forms of the *Rhétoriqueurs*. He does not always observe an alternation of masculine and feminine rhymes. *Rimes riches* predominate. Occasional epic and lyric cesuras are found. *Rejet* and *enjambement* are infrequent. A certain (and customary) orthographic capriciousness is typical: c'est for s'est, se/ce, se/sy/si/cy, dont/donc, ont/ onc, z/s, mes/ mais, si/ s'il, el/elle, il/elle, ne/ny, ad/au, ne/ou, i/et, soy/se, etc. Although no especial note will be taken in the text of syllabification (dipthongs, elision, hiatus), I do wish to indicate the prevalence of certain Middle French conventions in the establishment of syllable count: i-ai (aux), i-e (nt), i-eu(x), i-er(s), i-on, i-o, e-i, u-er, a-y, u-y, ou-y, ne-aymer, ne-alloy, etc.

The Editions of "Les Fantasies de Mere Sote"

As Brunet indicated,[18] the dating, chronology and description of the sixteenth century editions of *Les Fantasies* pose many unresolved, as yet, problems. One is not surprised to find, then, that the bibilographical entries of E. Picot,[19] C. Oulmont[20] (who has relied upon Picot), and A. Tchemerzine[21] differ as to the number and sequence of texts, not to mention minor errors of facsimile reproduction, transcription, variants, pagination, etc. A brief juxtalinear listing of their findings surveys the most important discrepancies.[22]

---

[18] *Manuel*, II (5th ed., Berlin, 1933), col. 1750.
[19] *Recueil général des sotties*, II (1904), 203-12.
[20] See note I.
[21] *Bibliographie d'éditions originales et rares d'auteurs français des XV*e, *XVI*e, *XVII*e *et XVIII*e *siècles*, VI (Paris, 1932), 80-90.
[22] Other less complete bibliographical references include: J. G. T. Graesse, *Trésor de livres rares et précieux*, III (Berlin, 1922), 158; G. V. Panzer, *Annales Typographici*, VII (Nuremburg, 1800), 31 & 91; R. Brun, *Le livre illustré en France au XVI*e *siècle* (Paris, 1930), p. 218.

INTRODUCTION

Picot (Oulmont)	Tchmerzine
1. (aa) s.l. n.d., (Paris 1516). In-4, goth., 110 ff. (B. N. Rés. Ye 290)	1516. Paris, Jehan Petit. In-4. (B. N. Rés. Ye 291)
2. (bb) s. d. (1516). In-4, 110 ff. non ch. (Musée Condé, Chantilly, No. 856)	1516. s.l. (Paris) s. n. In-4. (B. N. Rés. Ye 290)
3. (cc) s. d. (Paris), Jehan Petit. (B. N. Rés. Ye 291)	1516. s.l. (Paris). In-4. (Chantilly, No. 856)
4. (dd) Paris, Veuve J. Trepperel, s. d. (c. 1520). (Bayerische Staatsbibliotek, Munich; Biblio. Municipale, Troyes)	1516. s.l. (Paris). In-4. (Mazarine R 97)
5. (ee) "Même édition," Veuve Trepperel & Jehan Jehannot, s. d. (c. 1525). (Cat. La Vallière)	s. d. (1517). Paris, J. Petit. In-4. (B. N. Rés. Ye 291, i.e. the same as T.'s "first" edition)
6. (ff) Paris, Alain Lotrian, s. d. (c. 1530). In-4, 102 ff. *(Catalogues Didot & Bancel)*	1520. Paris, Veuve J. Trepperel. In-4. (Munich and Troyes)
7. (gg) Paris, Alain Lotrian, s. d. (c. 1530). In-4, 102 ff. (B. N. Rés. Ye 287; Brit. Mus. 11475. d)	s. d. (c. 1525). Paris, A. Lotrian. In-4. (B. N. Rés. Ye 287)
8. (hh) Paris, Alain Lotrian, n. d. (c. 1530). In-4, 102 ff. (Musée Condé, Chantilly, no. 857)	s. d. (vers 1530). Paris, A. Lotrian, In-4. (Chantilly, no. 857)
9. (ii) Paris, Denis Janot, 10 juillet 1538. In-16, 127 ff. (Wolfenbüttel, no. 164, l.l. Eth. 120).	s. d. (c. 1513: i.e. 1531). Paris, Vve J. Trepperel & J. Jehannot. In-4. (Bibliothèque Méjanes, Ais-en-Provence, Rés. D. 106)
10. (jj) Paris, Estienne Groulleau, 1551. In-16. (Brunet, II, col. 1781)	1538, Paris, Denis Janot. pet. In-16. (Wolfenbüttel)
11.	1551, Paris, E. Groulleau. In-26.

Comparison of available editions of *Les Fantasies* imposes a reclassification of the Picot (Oulmont) and Tchemerzine findings. A total of twelve editions are cited by the three bibliographers. Of these I have located all except items 6 (ff) and 10 (jj) in the Picot listing. To the verified editions I add: British Museum C 38 e 15: n. d., Paris, A. Lotrian.[23]

The ten texts which I have compared on microfilm divide themselves by date, variants, pagination and printer into three groups: four editions, including the *princeps*, which can be dated approximately 1516-1518; five belonging to the decade c. 1520-1530; the editions of 1538 and 1551. The descriptions and reclassification which follow are by no means intended to be definitive. If any of the unverified editions appended to this list come to light, they should be incorporated, of course, into the present sequence. For convenience I have assigned new letter designations to the verified editions. To my knowledge there is no record of any manuscript.

The Earliest Editions

A

B. N. Rés. Ye 290
(Picot aa; Tchemerzine 2)
Les fātasies
de mere sote.[24]

---

[23] See *The British Museum Catalogue of Printed Books*, 22 (Ann Arbor, 1946) col. 125. The same page also lists an octavo edition by Philippe Le Noir (Paris, 1528) under the number 1073. e. 2, *Avec plusieurs addicions Nouvelles comme pourez veoir cy* [a]*pres*. In the absence of other bibligraphical listings of an edition of *Les Fantasies* with these characteristics, examination on microfilm of B. M. 1073. e. 2 reveals that the item has been mis-catalogued. The corrected title reads:

Sensuyuent les
menus propos

mere sote nouuellemet compose par Pierre Gringoire herault darmes de mōseigneur le duc de Lorraine. Avec plusieurs addicions nouuelles comme pourez veoir cy apres.

The text is printed by Philippe le Noir and dated 7 July 1528.

[24] The edition described in *Catalogue des livres imprimés sur vélin de la Bibliothèque du Roi*, IV (Paris, 1822), 189, *258 is identical to A except for the capitalization of "Sote" in the title and the ascription of 28 rather than 29 woodcuts to the volume. The vellum paper used in this copy plus

(Raison. par. tout)[25]
cum p̕villegio regis
* * *
Raison par tout.
Finis

In 4, goth., 110 fol. pages numbered: a-4, b-8, c-8, d-8, e-8, f-8, g-8, h-8, i-8, k-8, l-8, m-8, n-8, o-4, p-6.

Woodcuts: a-3 verso,[26] a-4 recto, b-4 recto (first tale), b-7 recto, d-1 recto, d-4 recto, e-1 recto, e-8 recto, f-2 verso, f-6 verso, g-1 recto, g-3 recto, g-6 verso, h-2 recto, h-6 recto, h-8 verso, i-3 verso, i-6 recto, k-1 recto, k-5 verso, k-8 verso, l-5 recto, m-3 verso, m-7 recto, n-2 recto, n-4 verso, n-8 recto, o-3 verso, p-3 verso.

B

Musée Condé, Chantilly, n. 856
(Picot bb; Tchemerzine 3)
Les fātasies
de mere sote.
On les vend a lelephant sur le pont nostre dame a paris
(Raison . par . tout)
Cum p̕villegio regis
* * *
Raison par tout.
Finis

In-4, goth. 111 fol. pages, numbered: a-4, b-8, c-8, d-8, e-8, f-8, g-8, h-8, i-8, k-8, l-8, m-8, n-8, o-4, p-7.

---

the elaborately decorated woodcuts *peint en or et en couleurs* suggest that one or more deluxe copies were included in the first edition. Cf. *Cat. des livres impr. de la B. N.*, 64 (Paris, 1926), col. 784: Vélins 2246.

[25] The author's device. The emblem design represents a falcon perched on a tree. The bird, whose eyes are covered with a hood, holds in his beak a scroll on which is printed the motto: "Post tenebras spero lucem." See E. Picot, *Les Français italanisants*, I (Paris, 1906), 178.

[26] A reproduction of the initial woodcut appears in Picot, *Sotties*, II, 204. Cf. the replacement of the allegorical "porc-épic" (Louis XII) by a "tigre" (Charles de Bourbon) in edition B et seq.

INTRODUCTION 25

Woodcuts: a-3 recto, a-4 verso, b-4 recto (first tale), b-5 recto, d-1 recto, d-4 recto, e-1 recto, e-8 recto, f-2 verso, f-6 verso, g-1 recto, g-3 recto, g-6 verso, h-2 recto, h-6 recto, h-8 verso, i-3 verso, i-6 recto, k-1 recto, k-5 verso, k-8 verso, l-5 recto, m-3 verso, m-7 recto, n-2 recto, n-4 verso, n-8 recto, o-3 verso, p-3 verso.

C

Mazarine R 97
(Tchemerzine 4)
Les fātasies
de mere Sote.
On les vend a lelephant sur le pont nostre dame a paris
(Raison . par . tout)

* * *

Raison par tout.
Finis

In-4, goth. numbered: a-4, b-2-7,[27] c-8, d-8, e-8, f-8, g-7, h-2-7 [h-1 lacks], i-6, k-8, l-5,[28] m-8,[29] o-4, p-6.
Woodcuts: a-3, recto, b-1 verso, b-4 recto (first tale), b-7 recto, d-1 recto, d-4 recto, e-1 recto, e-8 recto, f-2 verso, f-6 verso, g-1 recto, g-3 recto, g-6 verso, h-2 recto, h-6 recto, i-1 verso, i-3 verso, i-6 recto, k-5 verso, k-6 verso, l-1 verso, m-3 verso, m-7 recto, o-3 verso, p-3 verso.

D

B. N. Rés. Ye 291
(Picot cc; Tchemerzine 5)

Les fātasies   Imprimee a
                                            Paris pour
de mere sote.   Jehan petit li-
                                            braire iure de
                                            luniversite du

---

[27] Pages b-1 and 8 lack.
[28] Three pages lack.
[29] N lacks.

dict lieu Ayant par transport le privilege dudict mere sotte/ autrement dit Pierre gringore. Et se vendent a lenseigne de la fleur de lys dor en la rue sainct Jacques pres des Maturins.

(Raison . par . tout)

Cum pvillegio regis

* * *

Raison par tout.
Finis
On les vēt a la fleur de lys dor en la rue / s. Jacq̄s.

In-4, goth., 110 fol. pages numbered: a-4, b-8, c-8, d-8, e-8, f-8, g-8, h-8, i-8, k-8, l-8, m-8, n-8, o-4, p-6.

Woodcuts: a-3 recto, a-4 verso, b-4 recto (first tale), b-7 recto, d-1 recto, d-4 recto, e-1 recto, e-8 recto, f-2 verso, f-6 verso, g-1 recto, g-3 recto, g-6 verso, h-2 recto, h-8 verso, i-3 verso, i-6 verso, k-1 recto, k-5 verso, k-8 verso, l-5 recto, m-3 verso, m-7 recto, n-2 recto, n-4 verso, n-8 recto, o-3 verso, p-3 verso.

The first edition (A) of the *Fantasies*, B. N. Rés. Ye 290, appeared shortly after the Royal privilege of 27 October 1516, that is late in 1516 or early the following year (new style). As Picot has pointed out, the verse Prologue is shorter in this edition than in Chantilly n. 856 (B), B. N. Rés. Ye 291 (D) and, I add, Mazarine R 97 (C). The accretions in B, C, and D relate to events which took place after the initial version (see notes to Prologue). The amplified introduction is reprinted in all editions without significant change of content prior to 1538. By this date political relationships had evolved to such an extent as to render the allegories and allusions virtually meaningless. A sample comparison of the textual, orthographic and line variants supports this sequence of the first group of editions.

	A	B	C	D
	B. N. Rés. Ye 290	Chant. 856	Maz. R 97	B. N. Rés. Ye 291
b-2^r	Quant est du quart on en tient peu de compte	Q u a n t e st du quart descrepité le dompte	idem	idem

INTRODUCTION 27

	A	B	C	D
	Malheureaux est/ iamais beau fait ne fit	Ce qui le fait du temps passé re‑cords	idem	idem (recordz)
	Deniers mal prins font bien peu de proffit	L'ung l'autre veoir causent paix et accords	idem	idem (accordz)
	Restraintz	restrainctz	restrainctz	restrainctz
	iuc	iuc	iuc	jusques
	angelique	angelicque	angelicque	angelicque
	patend	patend	patend	patent
	subgectz	subgectz	subgectz	subiectz
b-2ʳ	abolys	abolys	abolys	abolis
	mencion	mention	mention	mention
b-3ʳ	la mesgnie	la mesgnee	la mesgnee	la mesgnee
	vnir	vnir	vnir	venir
	chascun	chascun	chascun	chacun
	damnables	dampnables	dampnables	dampnables
	follye	folye	folye	follie

The preceeding textual and line variants show that editions B and C are intermediary between A and D. As the above examples suggest, I have not found any textual or orthographic differences between B and C. The virtual identity of the title pages, page numberings and explicits also indicates a close relationship. However, Chantilly 856 and Mazarine R 97 are not two copies of the same edition, as shown by occasional line variants.[30]

---

[30] Comparison of nine consecutive end-line words found on c-5ʳ of both texts, for example, produces these press variants:

Chant. 856	Maz. R 97.
estoit telle	estoit
media=	me
autre an=	autre
pour quoy	pour quoy
propre	pro=

While it has not been possible on microfilm to establish a priority between B and C, we can conjecture that Gringore had published at least three separate editions of *Les Fantasies* between the date of the privilege, October 1516, and his departure in the spring of 1518 for Lorraine, two of which, B and C, bear the poet's address: *a lelephant sur le pont nostre dame a paris.*

The fourth edition *ayant par transport le privilege dudict mere sotte* by Jehan Petit,[31] which both Picot and Tchemerzine have dated 1516 or 1517, may well not have appeared until 1518, that is shortly prior to or even after Gringore's departure from the capital when he was obviously in no position to supervise the continued sale of his book. Another detail pointing to 1518 as the date of the fourth edition is the author's return to Paris in September of the same year.[32] At this time he perhaps authorized the fourth edition from the press of Jehan Petit. The royal privilege committed to Petit and valid until 27 October 1520 is not found, by the way, in any editions after D. Hence, the Petit edition, the last to appear under the privilege, offers the final version of *Les Fantasies* specifically authorized by the author.

The Editions Published Between c. 1520 and c. 1530

E

Bibliothèque Méjanes, Rés. D. 106
(Picot ee; Tchemerzine 9)
SEnsuyuent les
fātaisies de me-
re Sote: conte-
nant plusieurs hystoires moralisees

	Chant. 856	Maz. R 97.
	lescripture es	lescriptu
	frere	fre
	es	es=
	plus pe	plus

---

[31] See Ph. Renouard, *Imprimeurs parisiens* (Paris, 1898), pp. 291-3. Panzer (*Annales*, VII, 31) gives 1516 as the date.

[32] Oulmont, *Gringore*, p. 18. Curiously, there is a record of another trip to Paris late in 1521 which both coincides with the expiration of the

Imprimees nouuellement a Paris
xxv f. d.[33]
(Raison . par . tout)
On les vend a Paris en la rue neufue no
stre dame a Lenseigne de Lescu de France

* * *

Cy finist les fātasies
de mere Sotte nouuellement Imprimees
Par la veufue feu Jehan trepperel & iehā
iehannot Imprimeur et libraire iure en lu
niversite de Paris demorant en la rue
neufue Nostre dame A lenseigne de lescu
de France.

In-4, goth., 98 folio pages, numbered: a-4, b-4, c-4, d-4, e-4, f-5, g-4, h-4, i-4, k-4, l-4, m-4, n-4, o-4, p-4, q-4, r-4, s-4, 5-4, v-4, y-4, z-4, π-4, ɔ-6.

Woodcuts: a-2 verso, a-3 recto, b-2 recto (first tale), c-1 recto, e-2 recto, f-1 recto, g-2 verso, h-4 recto, i-3 verso, k-2 recto, l-1 verso, m-2 verso, n-1 verso, n-4 recto, o-3 verso, p-1 recto, p-4 verso, q-3 verso, r-3 recto, s-2 verso, t-2 verso, x-3 verso, y-2 verso, y-4 verso, z-3 recto, π-3 verso, ɔ-5 verso.

F

Brit. Mus. C 38 e 15[34]

SEnsuyvent les

fātasies de me-
re Sote: conte-
nant plusieurs belles hystoires moralisees
Imprimees nouuellement a Paris

xxv f. d.
Raison. par. tout.)

---

privilege of the *Fantasies* and the appearance of the second group of editions (Oulmont, p. 344).

[33] The letters f. d. signify *feuilles et demie*.

[34] The Lotrian edition cited by Picot (ff) does not match the present entry. See the section devoted to unverified editions.

On les vend a Paris en la rue neufue nostre dame a Lenseigne de Lescu de France.

* * *

Raison par tout.

Cy finist les fātasies
de mere Sotte nouuellement Imprimees
a Paris par Alain Lotrian Demourant
en la rue neufue nostre Dame a lenseigne
de lescu de France.

In-4, goth., 102 folio pages, numbered: a-4, b-4, c-4, d-4, e-4, f-4, g-4, h-4, i-4, k-4, l-4, m-4, n-4, o-4, p-4, q-4, r-4, s-4, t-4, v-4, x-4, y-4, z-4, π-4, ɔ-6.

Woodcuts: a-1 verso, a-3 recto, b-2 recto (first tale), c-1 recto, e-2 recto, f-1 recto, g-1 verso, h-4 recto, i-2 verso, k-2 recto, k-4 verso, 1-2 verso, m-1 verso, m-4 verso, n-4 recto, o-2 verso, p-1 recto, p-3 verso, q-2 verso, r-3 recto, s-1 verso, t-1 verso, v-3 verso, x-2 verso, y-1 verso, y-3 verso, z-3 recto, π-2 verso, ɔ-2 verso, ɔ-4 verso.

G

Munich, Bayerische Staatsbibliotek, P. o. gall. in-4, 66 g;
Troyes, Bibliothèque municipale, Y. 16990[35]
(Picot dd; Tchemerzine 6)

SEnsuyuent les
fantasies de me
re Sotte: conte
nant plusieurs belles hystoires moralisees
Imprimees nouuellement a Paris
xxv. f. d.
(Raison . par . tout)

---

[35] Tchemerzine reproduces the incomplete Troyes copy, whereas I have consulted the Munich text. The colophon in the Troyes copy which Tchemerzine transcribes, but does not reproduce in facsimile, omits the word "a Paris." Also, he writes *Trepperel* (not treperel as in Munich) and adds & *iehā iehannot Imprimeur et libraire...* The discrepancies may have resulted from the inadvertant use of the Aix (E) edition which includes the same names and orthography.

INTRODUCTION 31

On les vēd a Paris en la rue neufue no
stre Dame a lenseigne de lescu de France

* * *

Raison par tout.
Cy finist les fātasies
de mere Sotte nouuellement Imprimees
a Paris par la veufue feu Jehan treperel
demourant en la rue neufue nostre Dame
a lenseigne de lescu de France.

In-4, goth., 102 fol. pages numbered: a-4, b-4, c-4, d-4, e-4, f-4, g-4, h-4, i-4, k-4, 1-4 (nos 1 & 3 printed twice), m-4, n-4, o-4, p-4, q-4, r-4, s-4, t-4, v-4, x-4, y-4, z-4, π-4, ɔ-6.

Woocuts: a-1 verso, a-3 recto, b-2 recto (first tale), c-1 recto, e-2 recto, f-1 recto, g-1 verso, h-4 recto, i-2 verso, k-2 recto, k-4 verso, 1-2 verso, m-1 verso, m-4 verso, n-4 recto, o-2 verso, p-1 recto, p-3 verso, q-2 verso, r-3 recto, s-1 verso, t-1 verso, v-3 verso, x-2 verso, y-1 verso, y-2 verso, z-3 recto, π-1 verso, ɔ-2 verso, ɔ-4 verso.

H

B. N. Rés. Ye 287; B. M. 11475. d.
(Picot gg; Tchemerzine 7)
SEnsuyuent les
fantasies de me
re Sotte: conte
nant plusieurs belles histoires moralisees
Imprimees nouuellement a Paris.
xxv, ci.[36]
(Raison . par . tout)
On les vēd a Paris en la rue neufue no
stre Dame a lenseigne de lescu de France.

* * *

---

[36] Picot (II, 210) interprets the figure *ci* as *cahiers*. Tchemerzine misprints *rr* for *xx*.

INTRODUCTION

Raison par tout,

Cy finist les fātasies
de mere Sotte nouuellement Imprimees
a Paris par Alain Lotrian Demourant
en la rue neufue nostre Dame a lenseigne
de lescu de France.

xxv. ci.

In-4, 102 folio pages, numbered: a-4, b-4, c-4, d-4, e-4, f-4, g-4, h-4, i-4, k-4, l-4, m-4, n-4, o-4, p-4, q-4, r-4, s-4, t-4, v-4, x-4, y-4, z-4, π-4, ɔ-6.

Woodcuts: a-4 verso,[37] a-3 recto, b-2 recto (first tale), c-1 recto, e-2 recto, f-1 recto, g-1 verso, h-4 recto, i-2 verso, k-2 recto, k-4 verso, l-2 verso, m-1 verso, m-4 verso, n-4 recto, o-2 verso, p-1 recto, p-3 verso, q-2 verso, r-3 recto, s-1 verso, t-1 verso, v-3 verso, x-2 verso, y-1 verso, y-3 verso, z-3 recto, π-2 verso, ɔ-2 verso, ɔ-4 verso.

I

Musée Condé, Chantilly, no 857.
(Picot hh; Tchemerzine 8)
Les fantasies de
mere Sotte: con
tenāt plusieurs
belles hystoires moralisees. Nouuellemēt
reueues et corrigees oultre les precedentes
Impressions.   xxb.
(Raison . par . tout)
On les vend a Paris en la rue neufue nostre
Dame a lenseigne de lescu de France.
Par Alain lotrian

* * *

---

[37] The woodcut (robed and hatted figure upholding a sword and facing a group of armed men) is the emblem of Lotrian's establishment, *L'Escu de France*.

INTRODUCTION

Raison par tout.

Cy fine les Fantasies
de mere Sotte. Nouuellement imprimees a Paris
par Alaint lotrian. Demourant en la rue
neufue nostre Dame a lenseigne de
lescu de France.

In-4, goth., 102 fol. pages numbered: a-4, b-4, c-4, d-4, e-4, f-4, g-4, h-4, i-4, k-4, l-4, m-4, n-4, o-4, p-4, q-4, r-4, s-4, t-4, v-4, x-4, y-4, z-4, π-4, ƆƆ-6.

Woodcuts: a-1 verso,[38] a-3 recto, b-2 recto (first tale), c-1 recto, e-2 recto, f-1 recto, g-1 verso, h-4 recto, i-2 verso, k-2 recto, k-4 verso, l-2 verso, m-1 verso, m-4 verso, n-4 recto, o-2 verso, p-1 recto, p-3 verso, q-2 verso, r-3 recto, s-1 verso, t-1 verso, v-3 verso, x-2 verso, y-1 verso, y-3 verso, z-3 recto, π-2 verso, ƆƆ-2verso, ƆƆ-4 verso.[39]

To support the chronology of the five undated editions appearing between the expiration of the Royal privilege (27 October 1520) and the Denis Janot edition (1538) I submit the following data. A rough sequence is established through external evidence concerning the three printers in question: Veuve Trepperel, Jehan Jehannot and Alain Lotrian. Assuming no infringement of the privilege prohibiting unauthorized editions, we can place edition E by the Veuve Trepperel and Jehan Jehannot some time between 1520 and 1522, date of Jehannot's death.[40] The edition (G) found in the Bayerische Staatsbibliotek and the Troyes Library by the Veuve Trepperel suggests a publication date between the time of J. Jehannot's death and the widow's withdrawal from her establishment rue Neuve Nostre Dame around 1525.[41] This leaves three verified editions by Alain Lotrian (F, H, I), active from 1518 to 1546, who shared the presses of the Veuve Trepperel at this time.[42]

A comparison of textual and spelling variants among these five editions gives a number of clues to the order of their appearance.

---

[38] The first woodcut (author seated at his desk) anticipates the same found in the 1538 edition.
[39] Lotrian's mark.
[40] Renouard, *Imprimeurs*, pp. 193-4.
[41] Renouard, ibid., p. 354. Panzer (*Annales Typographici*, V, 92, 1469) gives the date as 1525 (from *La Vallière*, II, p. 316).
[42] Renouard, ibid., p. 249.

First, the Veuve Trepperel-J. Jehannot edition (E) and the British Museum copy (C 38 e 15) by Lotrian (F) appear to be identical in wording and spelling, as is the case of editions B and C. Both E and F resemble most closely the wording and orthography of the Jehan Petit edition (D), the last to appear under the privilege. By way of illustration I present the following spelling variants based on a comparison of the first lines in the Prologue of B, C, D, and E:[43]

B, C, D	fantasie	E	fantaisie
B, C	lansquenetz	D, E	lansquetz
B, C	Vuydoient	D, E	Vuidoyent
B, C	belicateurs	D, E	bellicateurs
B, C	Se disoient	D, E	Se disoyent
B, C	mons	D, E	montz
B, C	alemans	D, E	allemans
B, C,	porc apic	D, E	porc espic

The question arises: what was the source of the Munich-Troyes edition (G) by the Veuve Trepperel? The pagination, distribution of woodcuts, orthographic conventions of G are closer to those of E and F than to the other prior editions. In the absence of any significant textual characteristics to the contrary, I would tentatively ascribe the geneology of the widow's edition to E, that is, the text which she and Jehan Jehannot prepared before the latter's death.

The presence of unusual textual variants in G reveals clearly the sequence of the two remaining Lotrian editions, H and I, which incidently I cannot date more accurately at present than between 1525 and 1538. The first verse of the Prologue in G reads: *Ce qui ma fantasie mettr en mae*. Another key variant occurs in the introductory verse of the first tale: *Dont le soleil en est retrogradé/ Par foy mentyr accord est retrogradé* (a-3ʳ). Such textual as well as spelling variants establish a relationship with the second Lotrian edition (H).[44] This Lotrian text retains the misreading of the first verse of the *Fantasies* cited above but with the corrected spelling of the verb *mettre*. Also, a rhyme word, *estranger* (a-3ʳ, ed. G and all other preceeding editions) becomes *estrangler* in H, I (Lotrian, Chantilly no. 857) and J (Janot, Wolfenbüttel).

---

[43] Edition A is, of course, eliminated because it lacks the revised version of this passage.
[44] B. N. Rés. Ye. 287.

Lotrian describes his final edition (I) as *Nouvellement reveues et corrigees oultre les precedentes Impressions*. We now know that he definitely consulted at least one edition other than his second, witness the corrected reading of the first line in the Prologue. In the main, however, Lotrian relies upon his second edition and reproduces many of its misreadings. That he did not consult the editions of Group I is suggested by his refinement of certain variants. The couplet in H: *Dont le soleil en est retrogradé...* now becomes: *Dont le soleil est qui le tout regarde/ Par faulx mentir accord est retrograde.*

The Edition of 1538

J

Wolfenbüttel no 164, 1.1. Eth. 120.
(Picot ii; Tchemerzine 10)
Les diuerses
FANTASIES DES HOM-
MES ET DES FEMMES, COM-
posees par Mere Sotte, contenant

Plusieurs belles exemples mo-
ralles, & le tout figure de
nouuelles figures,
Nouuellement imprime a Paris.

1538

On les vend en la rue neufue nostre
Dame a lenseigne Sainct Iehan Baptiste, pres saincte Geneuiefue des Ardens,
par Denis Ianot libraire & imprimeur.

* * *

Raison par tout

* * *

Cy finissent les fantasies de mere Sotte
Nouuellement Imprimees a Paris, le
dixiesme iour de Iuillet mil cinq
cens trentehuyt, par Denys
Ianot Libraire demou-
rant en la Rue neuf-

ue nostre Dame
a L'ensiegne

Iehan Baptiste contre Saincte Ge
neuiefue des Ardens

In-16, 127 fol. pages plus one unnumbered page, 128a containing the explicit and 128b the *devise* and mark of Janot: *Patere aut abstine; Nul ne si frote.*

Woodcuts:

Fol. 2a Author at his desk.
Fol. 5a Emperor and the girl who breathes death.
Fol. 8a The knight and his daughter.
Fol. 12b Repetition of no. 1.
Fol. 14a The father of the guilty girl and the mediator.
Fol. 17b Repetition of nos 1 & 4.
Fol. 20a The judge and the raped women.
Fol. 23b Emperor and three statues.
Fol. 29a Emperor threatened with death by son, plus image of emp., queen and son.
Fol. 30b Repet. 1, 4, 6.
Fol. 31b Author at his desk (differs from preceeding).
Fol. 38a Emperor having adulterous woman thrown from mountaintop.
Fol. 40b Merchant caught by pirates.
Fol. 42a Repet. nos. 1, 4, 6, 10.
Fol. 45b Peace concluded by sacrifice of lamb on mountain.
Fol. 48a Test by fire (mounted knight riding through fire).
Fol. 50b Blind man and lame man going to royal banquet.
Fol. 54b The lubricious priest.
Fol. 59a The son who marries *la mérétrice*.
Fol. 63a Emperor and golden circles.
Fol. 66a The good princess attacked by the cruel prince.
Fol. 69b The triumphal chariot.
Fol. 73a The emperor being buried.
Fol. 76b Two women seated on a bench.
Fol. 82a The tavernkeeper and the three drinkers.
Fol. 85a The princess made pregnant by her son.
Fol. 90b A man holding two severed heads.
Fol. 95b Repet. 1, 4, 6, 10, 14.
Fol. 98b Three wives hanging.
Fol. 102b The wiseman telling emperor not to stir fire with a sword.
Fol. 103b Repet. of 1, 4, 6, 10, 14, 28.
Fol. 106b Emperor and worker who forges glass.
Fol. 109a Man pierced with arrows.

Fol. 113b Repet. no. 20.
(Woodcut more appropriate to this tale than to
Fol. 63a. Wine casks shown and also coronation
of son by father.)
Fol. 118a Emperor and Guido.
Fol. 123a Emperor and magic statue.
Fol. 125b Repet. of Fol. 23b (not appropriate to this story).
Fol. 127b Repet. of no. 11 (variant of author at desk).

The remaining edition, J, by Danis Janot and dated 1538 is the last chronologically of the editions which I have consulted. Since we know that Janot, active from 1529 to 1545[45] was associated frequently with Lotrian it is not surprising to find that Janot's edition utilizes the work of his partner. Unexpected, however, is his scorn of Lotrian's "corrected" text in favor of edition H.[46] A few word variants between H, I, and J illustrate the parentage of H to J.

H (a-3^r, a-3^v)	I (a-3^r, a-3^v)	J (a-2^r, a-3^v)
Tel a bruit...	Tel a eu bruit...	Tel a le bruict...
Dieu naturel	Le tout a dieu	Dieu naturel
querir	*querre*	*querir*
Dont le soleil en est retrogradé	Dont le soleil est qui le tout regarde	Dont le soleil en est retrogradé
Par foy mentir accord est retrogradé	Par faulx mentir accord est retrograde	Par foy mentir accord est mal gardé

Unverified Editions

If the chronologies suggested by Picot and Tchemerzine can be modified, there is no certainty at the present writing that all the sixteenth century editions of the *Fantasies* have been accurately catalogued. References to at least three editions remain unverified.

One of these, edition ff (Picot, II, 209) by Lotrian,[47] although similar to F and H, also by Lotrian, in title and pagination, differs

---

[45] Renouard, *Imprimeurs*, p. 191, See also, G. Lepreux, *Galliae Typographicae Documenta* (Paris, 1911), I, I, 279.

[46] As noted above Janot's edition begins with the introductory verse of the first exemplum.

[47] Sensuyuent les // fantaisies de Me // re sotte: conte // tenant plusieurs belles hystoires moralisees... Imprime nouuellement a Paris par Alain Lo-

in such details as "fanta*i*sies," "*Me*//re *s*otte," "conte//tenant" [sic], and probably in the date proposed by Picot (c. 1530). While it is possible that Picot's source for the description of this edition (*Catalogue Bancel,* 1882, n. 249) erred in the transcription of the words indicated above, we cannot at the present time discount the possibility of its existence.

Another unverified edition, again by Lotrian, is cited by Brunet (*Manuel,* II, col. 1750). This entry,[48] recorded (according to Picot) by Brunet from a reference in the *Catalogue Didot* (1878, n. 182) varies slightly in title from Picot's ff, Lotrian's F and G: SEN SUYUENT, *mere s*otte, h*i*stoires, Lot*t*rian, 10*1* ff. non chiffrés.

Finally, Brunet, Picot, Tchemerzine and Graesse list (from Du Verdier) a 1551 edition in-16[49] described as a reprint by Estienne Groulleau of the 1538 Denis Janot edition. This edition, whose existence seems quite probable, is to my knowledge the last printed. If the three texts cited above can be found, the sixteenth century editions of the *Fantasies* will total thirteen,[50] a rich testimony to the popularity of the work during the author's lifetime.

The Text of the Present Edition

In preparing this text I have had before me two editions in the Bibliothèque Nationale: Rés. Ye 290 (edition A) and Rés. Ye 291 (edition D) — as well as the two intermediaries mentioned above: Musée Condé, Chantilly, n. 856 (edition B) and Mazarine R 97 (edition C). Our text is a transcription, from microfilm, of B. N. Rés. Ye 291. A primary reason governing this preference in the more ample Prologue. Secondly, edition D, the last to appear before the expiration of the privilege, is also the last edition definitely authorized by Gringore. In the absence of any manuscripts I have

---

trian, a lenseigne de Lescu de France. xxv. f. d. S. D., in-4 de 102 ff. non chiffr., car. goth. sign. a- par 4, par 6.

[48] SEN SUYUENT les fantaisies de mere sotte, contenant plusieurs belles histoires moralisees; Imprimees nouuellement a Paris par Alain Lottrian, a lenseigne de Lescu de France. xxvi. pet. in-4. goth. de 101 ff. non chiffrés, chaque cahier de 4 ff. (excepté le dernier qui en a 5), fig. en bois.

[49] Tchemerzine and Oulmont state "in-26."

[50] I have not listed separately B. N. Vélins 2246.

INTRODUCTION

indicated word variants found in B. N. Rés. Ye 290 and Chantilly n. 856.[51] A cautionary note should be injected to the effect that the variants as well as the texts themselves do not necessarily reflect modifications by Gringore. It is, I believe, common knowledge that printers of the period took surprising liberties with copy, whether in manuscript or press.[52] The practice may well explain certain *gaucheries* or misreadings among the variants if not in the text itself.

All punctuation signs (diacritical marks, commas, periods, apostrophes, quotation marks, italics, periods, capital letters, etc.) have been added or revised by the editor. All words are spelled, often with variant spellings, as they appear in each edition, with the exception of nasal signs, which have been resolved, and the distinction between *i* and *j*, *u* and *v*. Other orthographic emendations are indicated by brackets. Acute accents have been added to final tonic *é* (masculine endings), and grave accents to *à*, jà, là and *ès*.

The numbering of each unit is my own. I have divided the text into paragraphs. Woodcuts appear in the order and approximate position in which they occur in B. N. Rés. Ye 291.

The privilege is reproduced in Appendix I. A Glossary is included as Appendix II.

---

[51] See textual notes. The text of edition C (Maz. R 97) which is incomplete and identical to Chantilly n. 856 has not been included among the variants. Nor have orthographic differences been recorded, unless of unusual interest.

[52] Cf. F. Bowers, *Textual and Literary Criticism* (Cambridge, 1959), esp. Chap. IV; J. Du Bellay, *Divers jeux rustiques*, ed. V.-L. Saulnier (Paris, 1947), p. lxvi.

WOODCUT 1

LES FANTASIES DE MERE SOTE[1]

Ce qui m'a fait en ma fantasie mettre
Plusieurs propos, tant en prose que en mettre,
C'est que en l'Eglise ay vue scismes, erreurs,
Et sur les champs gens differens erreurs.
Lors les lyens de Julius[2] rompirent,
Dont serbz de Mars en plorent et souspirent.
Durant ce temps lansque[ne]tz et Gascons
Vuidoyent tonneaulx, quartes, pots, et flaccons.
L'Aigle[3] je vis, porteur de doubles testes,
Voller par tout, cuidant faire conquestes.[4] 10
Les Ours[5] aussi, hardis bellicateurs,[6]
Si disoyent lors des princes correcteurs.
Les Albanoys[7] qui haulx chappeaulx portoyent

---

[1] Forty-one of the verses comprising the Prologue are transposed with slight modifications from the author's *Sotye nouvelle des chroniqueurs*, May 1515. See E. Picot, *Sotties*, II, 227-34. The political symbolism of these lines is also found in "La Deploration des Trois Estatz sur l'entreprise des Anglois et des Suisses" (1513) by Pierre Vachot (cited by C. Oulmont, *Gringore*, p. 232).

[2] Pope Jules II who died 21 February 1513.

[3] Emperor Maximilian.

[4] A--*sans faire conquestes*.

[5] The Swiss.

[6] A--*ravissans et rapteurs*.

[7] Albanais or Estradiots were light cavlrymen. Commines: "Les Estradiots étaient tous Grecs venus des places que les Vénitiens ont en Morée et divers Duras (Durazzo), vestus à pied et à cheval comme des Turcs, sauf la teste où ils portent ceste toile qu'on appelle toliban (turban)." Cited by A. C. A. Racinet, *Le Costume historique,* IV (Paris, 1888), see Planche 237, fig. no. 6. Cf. Littré: *estradiot*.

Par montz et vaulx nuit et jour estradoyent.
Je vis Allemens, Flamens, et Hennoyers
Qui aux Anglois devindrent souldoyers.[8]
Les Espaignolz qui possedoyent Castille
Prindrent Navarre et Naples par castille.[9]
Le Porc-espic fist paix en plusieurs courtz;
Puis la mort vint qui le mist en decours,[10]   20
Apres qu'il eut fait venir d'Angleterre
Marie[11] qui fist muer en paix la guerre.
En France eut bruit, de tous se fist aimer;
Puis print chemin retourner oultre mer.
La Salmandre[12] eut premier an de son regne
Autant d'honneur comme en mer a d'arene.
Et le Lyon[13] sur la terrasse assis
Se monstra preux, gay, constant, et rassis.
Le Tygre[14] estoit à toute diligence
Contre ennemis prest faire resistence.   30
Le Cerf-vollant[15] sur Pegasus volloit,
De nuict et jour en tous lieux vigilloit.
Le Plasmateur qui la terre illumine[16]
Donnoit vertu à la prudente Hermyne.[17]

---

[8] A, B-- *se rendoient souldoyers*. Allusion to the battle of Guinegatte, 1513, in which Henry VIII and Maximilian attacked Louis XII.

[9] Ferdinand of Aragon wrested final control of the kingdom of Naples from Louis XII in 1503. The Spanish portion of Navarre was siezed from the French after an unsuccessful defense by the Duke of Valois (later Francis the First) during the winter of 1513.

[10] Louis XII died on 1 January 1515.

[11] Marie d'Angleterre (1497-1534), daughter of Henry VII Tudor, third wife of Louis XII. Her marriage with the recently widowed Louis was stipulated in a treaty signed in London, 7 August 1514. Upon her return to England she married Charles Brandon, Duke of Suffolk. Lines 21-24 are omitted in A.

[12] Francis the First.

[13] The Low Countries.

[14] Charles de Bourbon, Duke of Vendôme, named connétable de France 12 January 1515. In the allegorical woodcut at the beginning of edition B the Porcupine is replaced by the Tiger. See Picot, *Sotties,* II, 204-6.

[15] Emblem of Charles de Bourbon. See Picot, ibid., II, 232-3.

[16] Lines 33-44 omitted in A.

[17] Claude de France, daughter of Louis XII and Anne de Bretagne. Her engagement to Charles d'Autriche (later Charles V) was annulled by Louis XII who gave her to the Duke of Angoulème (Francis I).

Crainte et amour humilyoit son cueur
A son espoux, amy, seigneur, vainqueur,
Ainsi que Hester[18] fist au roy Assuaire
Par ferme foy et cordial affaire.
Puis tout soubdain vis ung estourbillon
D'où proceda Godeffroy de Buillon,[19]   40
Qui fut d'accord envoyer en Lorraine
Son preux escu au noble duc Anthoine,[20]
Qui double croix[21] sans autre peust porter,
D'or sur argent pour chrestiens supporter.
Dedens ung pré se reposoit Prudence,
Qui en sa main tenoit par excellence
Trois Trefles vertz,[22] laquelle voulentiers
Oyoit conseil de doctes conseilliers.
Dieu permist lors dominer sur la terre
L'humble Leon[23] prest d'appaiser la guerre   50
Que Discord met entre les preux chrestiens,
Voulant tascher à corriger payens,
C'est que leur loy soit abollie, estaincte
En conquerant la noble Terre saincte;
Car pour ce faire a pardons ordonnez,
Dont les humains peuvent estre guerdonnez
Quant ilz mourront ou qu'ilz auront victoire.
Selon les faictz est l'oeuvre meritoire.

---

[18] Wife of Assuerus, she obtained from her husband the pardon of Jews persecuted by Aman.

[19] Godefroy de Bouillon, Duke of Basse-Lorraine (1061-1100), leader of the first crusade.

[20] Gringore received his appointment as *héraut d'armes* of Antoine de Lorraine on 5 April 1518.

[21] The double cross designates the arms of the Duke of Lorraine. Cf. H. Moranvillé, "Il n'y a pas de 'croix de Lorraine'," *Biblio. de l'Ecole des Chartes*, LXII (1901), 618-21.

[22] The allegorical figure of Prudence holding *trois Trefles vertz* in her hand refers to the coat of arms of the Chancellor Antoine Du Prat, cardinal, papal legate and principal author of the Concordat of Bologna between Francis and Leon X.

[23] Leon X, elected Pope 11 March 1513.

L'ACTEUR[1]

I

Apres grant dueil joyeuseté accourt;
Paix vient apres noyses, discordz, contens.
Tel a le bruit par aucun temps en court,[2]
Qui son plaisir le plus souvent a court.
Les ungs y sont joyeulx, autres contentz.
Il me suffit, mais ainsi que j'entendz:
Dieu naturel en fin fault que livrons.
Assez de biens aurons et peu vivrons.

Tant de discordz nous avons veu venir
Depuis dix ans,[3] et regner sur la terre,   10
Qu'il nous en doit à present souvenir,
Et que fortune a fait plusieurs bannyr,
Les mutilant par envieuse guerre.
On appetoit facon et moyen querre
Desheriter l'ung l'autre par envie.
L'envieux meurt, mais Envie est en vie.

---

[1] I discount Oulmont's suggestion (op. cit., p. 115) that the *Fantasies* were intended for the stage. Gringore uses the term in the sense of "author," not "actor." Cf. O. Bloch & W. von Wartburg, *Dict. étymol.* (Paris, 1932), p. 9: "Acteur.—Sens moderne, XVIIe siècle, encore au XVIe siècle; auteur en général, au XVIe et XVIIe siècles."

[2] A, B--*pour aucun temps à court.*

[3] The decade of discord preceeding the present peace coincides roughly with the end of French domination in Naples, the pontificat of Jules II (1503-1513) and the Holy League.

WOODCUT 2

L'Eglise avons par fureur veue en armes,
Et la noblesse Eglise corriger,
Journees gaigner, puis perdre les allarmes,
Grans interdictz sur princes et gens d'armes,
Mauldire tost, absouldre de legier,
Princes mourir, les subgectz en dangier,
Tout conquerir et faire à nostre poste,
Mais au partir fallut compter à l'hoste.

On a tant faict d'accordz, d'appoinctemens,
Cryé la paix, mesmement feux de joye,
Et en passer lettres et instrumens;
Puis tout soubdain faire crys vehemens,
Meurtrir, tuer gens par champs et par voye,
Passer la mer et les montz de Savoye
Dont le soleil en est retrogradé.
Par foy mentye accord est degradé.

Puis peu de temps mort a prins gens subit.
Les grans seigneurs ont esté en dangier.[4]
Tel s'est vestu d'ung precieux habit
Qui estoit fol, de mauvais acabit,
Voulant raison abolyr, estranger,
En soy vantant qu'il se vouloit venger,
Sans que jamais on luy fist mal ou tort.
Droit escript paix, et l'envieux la tord.

Plusieurs mignons avons veus resjouyr,
Contrefaisans leurs langages et termes,
Nos ennemis impetueux ouyr
Venir vers eulx, puis de crainte fuyr,
Habandonner artilleries et armes;
D'autres aussi preux, vaillans, hardis, fermes,
En demonstrant leur treshaulte proesse.
Sans cueur francoys destruicte estoit noblesse.

---

[4] A, B--*danger*.

Quatre viellardz[5] avons veus redoubtez
Qui ont eu bruit: il fault noter ce compte: 50
Dont les trois sont trespassez, n'en doubtez.
De grans deniers aux humains ont coustez,
Car leurs subjectz leur ont fait maint mescompte.
Quant est du quart descrepité le dompte,[6]
Ce qui le fait du temps passé recordz.
L'ung l'autre veoir causent paix et accordz.

Les justiciers nous avons veu contrainctz
De juger gens à peines execrables
Comme volleurs, et gens suyvans leurs trains
Rostir tous vifz, parquoy se sont restrainctz 60
De plus piller ne faire cas dampnables.
Force a voulu muer loix pitoyables
A la rigueur, ainsi qu'on appercoit.
Le fol ne croit jusques à ce qu'il recoyt.

Las, nous voyons en la foy catholique
Gens desrigler, qui est ung piteux cas.
Le Sainct Esperit par la voix angelique
N'est plus patent. Mondanité practique
Dedens les cueurs delecteurs, sonne cas.
Volupté veult par escus et ducatz 70
Regime avoir d'Eglise sans subjectz.
Oyseaulx de proye on tient[7] bien peu sans gectz.

Les folz voyons corriger les gens sages.[8]
Villains se font appeller escuyers.

---

[5] Excluding the late Louis XII, whose unpopular foreign policies have been evoked by Gringore (see *Sottye nouvelle des chroniqueurs,* ed. Picot, *Sotties* II, 239), the four *viellards* include Ferdinand V of Spain (1452-1516), Pope Jules II (1443-1513), Henry VII (1457-1509). The survivor is the Emperor Maximilian (1459-1519). An initial date of composition for this portion of the *Fantasies* can be established, then, after the death of Ferdinand, 23 January 1516.

[6] A-- *Quant est du quart on en tient peu de compte.*
    Malheureux est; jamais beau fait ne fit.
    Deniers mal prins font bien peu de proffit.

[7] A-- *vallent.*

[8] Note the stanzaic variations in the middle of this proem.

Gens sacrez font vilz naturelz ouvrages.
Les vicieux ont bruyt par grans deniers.
Moynes, abbez chevauchent gros coursiers.
Gens d'armes sont sur les mules montez;
Cueurs feminins abolis, eshontez;
Larrons puissans, greffiers sans justes taulx;   80
Jeunes enfans mal regis, mal domptez.
Et sans besoing on faict plusieurs assaulx.

   Sans aulmosner riches sont desvoyez.
Hommes prudentz sans faire oeuvre voyez.
Et vielles gens n'ayment religion.
Les serviteurs desobeyr oyez.
Riches ne font d'aulmosnes mention.
Mondains entr'eulx meuvent contencion.
On voit seigneurs sans vertu ne equité.
Les fors puissans regnent sans chasteté.   90
Evesques sont negligens, paresseux;
Les povres fiers, despitz, et orgueilleux.
Ung bien y a:[9] nous avons begnin roy.
Sans discipline est peuple cauteleux,
Et le commun veult corrompre la loy.

   Ay-je donc tort, si je me fantasie,
Quant je congnois telz choses et regarde
Qu'il n'y a nul present qui rassasie
Son cueur despit; et si mort de sa darde
Renverse humains et les tresperce et darde,   100
En tous climatz a son fer agu mis,
Penser devons que Dieu a ce permis
Pour corriger nos faultes et forfaictz.
De nos amis faisons nos ennemis.
Bon n'est porter trop pesant et fort faix.

   Le resumer je ne me puis saouller,
En esperant qu'on y prenne exemplaire,

---

[9] A, B-- *Ung bien y est.*

Car on ne voit riens stabile soubz l'air.
Là où il plaist à fortune voller,
Monstrer se veult despite et debonnaire. 110
Notez qu'il[10] fait ce que Dieu luy fait faire ;
Non autrement : croire en ce point le fault.
Sage est qui n'est ne trop froit ne trop chault.

   Les nobles preux, selon noblesse nez,
Le plus souvent endurent de grans maulx.
On en cognoist qui sont bien fortunez.
Veu en avons de captifz emprisonnez.[11]
Aussi d'aucuns n'ont guerres ne assaulx.
Ceulx qu'on congnoist joyeux et liberaulx
Ont bien souvent de la paix la conduicte. 120
Selon le maistre on voit la mesgnee duicte.

   Princes chrestiens, voyons present venir,
Dont adviendront des biens innumerables.
Mais que chacun l'accord vueille tenir
Et envieux des nobles cueurs bannir,
Deboutant ceulx qui sont irraisonnables,
Expulser gens plains de plaisirs dampnables,
Qui ont desir en follie s'amuser.
Jeunesse doit de vieil conseil user.

   Qui le conseil de sage homme refuse, 130
Merveille n'est se en ce monde s'abuse.
En commettant peché abhominable
Vivre ne peut longuement, quant il use
De son vouloir, car sa vie est confuse.
Et sur luy vient maint cas esmerveillable,
Ainsi qu'on voit par fantasie ou fable,
Que lyre on peut en l'escript de ce livre.
Gens inconstans ne scauroyent long temps vivre.

---

[10] A, B-- *quel (qu'el)*.
[11] A, B-- *avons captifz de emprisonnez*.

WOODCUT 3

Qui veult regner longuement en honneur,
Il luy convient les dictz du Sage[12] lyre,   140
Avoir tousjours Jesus dedens son cueur.
Et s'il est fier, non auxiliateur,
A ses subjectz doit appaiser son yre.
Ung homme yré qui veult peché eslyre,
Laissant vertu, n'a bon bruit merité,
Car yre empesche de dire verité.

Ung[13] grant seigneur[14] regna tout ainsi comme
l'imperateur, car il fut prudent homme,
Par le moyen d'ung sage clerc, son maistre.[15]
Comme on le peult par fantasie congnoistre,   150
Son hault renom par tous climatz volloit.
Le cas est tel. Ainsi comme on parloit
De son povoir magnanime et prudence,
Vertueux faictz, estoit en la presence
Une princesse en Aquilon regnante,
Qui une fille avoit doulce et plaisante,
Gente de corps, tresbelle de visage.
Son doulx regard esmouvoit le courage
Des regardans prendre delict charnel.

---

[12] Given the identity of the *sage clerc* in the accompanying example, Aristotle, the reference here could devolve from the theme of the Prince's wise counselor: e. g. Rutebeuf's *Dit d'Aristote*, G. de Chatillon's *Alexandréide*, Maître Babillot's *Historia de proeliis* (consult E. Faral, "Le Dit d'Aristote", *Neophilogogus*, 31 (1947), 100-3). An alternate identification of the *Sage*, and which depends on the reference to Jesus in the following line and on the detail of a spent youth (see supra), would be to Solomon, to whom the "Ecclesiastes" was commonly attributed. Cf. Villon, *Le Grand Testament*, XXVII, ed. A. Mary (Paris, 1957), and p. 26 (note).

[13] Cf. *Gesta Romanorum*, ed H. von Oesterley (Berlin, 1872), hereafter cited as Oesterley: XI, "De venemo peccati, quo quotidie nutrimur," p. 288; *Gesta Romanorum*, trans. C. Swan, rev. ed. by W. Hooper (New York, 1959), hereafter cited as Swan-Hooper: XI, "Story of the queen's daughter who was nourished on poison," pp. 21-2.

[14] Alexander.

[15] Aristotle.

Verité est. Je treuve le cas tel 160
Que icelle fille avoit contre nature
Mengé tousjours viande et pourriture,
Metz tresinfectz. Sans tenir long blason,
Nourrie n'estoit que d'ordure et poison.
La fille fut à l'empereur menee,
Luy obeyr toute determinee,
C'est assavoir, d'accomplir son plaisir.
Quant il la vit, esmeu d'ardant desir,
Fut desirant de prendre son delict
Humainement, couché dedens son lict. 170
Et ce voyant son maistre prudent, sage
Le reprint lors, ainsi que avoit de usage,
En luy disant que ce sa vie touchoit,
Et se une fois avec elle couchoit,
Il en mourroit, voyre soubdainement.
L'imperateur s'esbahist grandement
Du prompt parler du sage, et à grant peine
Croire vouloit que telle fille humaine,
Si luminante en beaulté, si pompeuse,
Fust au toucher si orde et dangereuse, 180
Et n'y voyoit aucun cas apparent.
Mais le clerc sage ostant ce different
Requist mander ung homme condampné
A souffrir mort. Congé luy fut donné
De s'esjouyr et de passer le temps
Avec la fille, ainsi comme j'entendz.
Incontinent que sa bouche approcha
Pour la baiser, mort au lieu trebuscha,
Dont l'empereur de ceste grant merveille
S'esbahist fort. Onc n'en vit la pareille. 190
De son recteur tint lors, je vous prometz,
Compte plus grant qu'il n'avoit fait jamais.

FANTASIE SUR CESTE HYSTOIRE

Nous figurons cest empereur puissant
A ung chrestien en vertu florissant,

Prest de scavoir maint cas esmerveillable ;
Lequel combat la chair, le monde, et dyable,
Pource qu'est plain d'amour, de charité,
Sans ce qu'il soit contre nul irrité.
Et si parler de la royne voulon,
Qui avoit bruit tresgrant en Aquilon, 200
Soubstenir fault quel est signifiance
De grans tresors et bien en abondance,
Qui l'homme peu[v]ent spirituellement
Livrer à mort et corporellement,
Car les grans biens font de chair nourriture :
Parquoy s'esmeult la fragille nature
D'humanité qui va mauvais chemin.
La fille estant nourrie d'infect venin,
Pour gloutonnie où se nourrist luxure
Nous la prenons ; à l'ame est aigre et sure. 210
Avoir ne fault à elle intelligence.
Le clerc aussi pour la nostre conscience
Qui contredict à toutes voluptez.
Obediens soyons donc reputez.
Obtemperons à nostre bon vouloir.
Desir charnel mettons à nonchalloir.
Considerons que sommes viande à vers.
Le malfaicteur pour ung homme pervers,
Obstiné, fol, aveuglé tellement
Qu'il ne luy chault pecher publicquement. 220
Et ce voyant, le seul Dieu plasmateur
Permet la mort d'iceluy malfaicteur
Qui prent plaisir en ses charnelz delictz.
Gens vicieux en fin sont abolis.

II

L'ACTEUR

    Princes, seigneurs, conseillez-vous aux sages.
Par ce moyen, maintz dangereux passages
Eviterez. Mais se autrement faictes,[1]
Sur vous, voz gens, viendront pertes, dommages
D'ame et de corps; dictz serez plains d'oultrages,
D'erreurs, horreurs,[2] de mauvaistiez infectes.
Des haultz seigneurs on cronique les gestes.
Apres leur mort on les lyt à toute heure,
Le bon renom ou le mauvais demeure.

    Au temps present tresgrande mesprison   10
Commettre on voit, qui entend bien le cas;
Car on congnoist qu'à tort et sans raison
En pallyant, usant de beau blason,
Empoisonnez ont esté maintz prelatz.
Princes, seigneurs, cuydans prendre soulas,
Sont mors soubdain. Mes motz bien practiquez:
Dangereux sont Francoys ytaliquez.[3]

---

[1] A, B-- *autrement le faictes.*
[2] A, B-- *de horreurs.*
[3] Picot (op. cit., II, 108-9) cites the following verse taken from a "Moralité" (unpub.) following Gringore's *Sottie contre le pape Jules II*, 25 February 1512:

        Il n'est rien pire, par ma foy,
        Qu'est un François ytaliqué.

The verses in the *Fantasies* iterate the meaning of traiterous French employed by Italians.

Voyons-nous pas regner aucunes femmes,
Lasches de cueur, si viles, si infames,
Que devant eulx voyent filles violer?
Pensez-y bien. Ilz dampnent triples ames
Dedens ce monde, et en l'autre en ont blasmes.
En puanteur se veullent consoler;
Leur chair, leur sang voyent meurtrir, affoller
Pour or, argent, vins et nouvelle viande.
Nul bien ne vient d'une femme gourmande.

Or voyons [-nous][4] tracasser maquerelles,
Sur le pavé offrant filles, pucelles
Pour violer par officiers, marchans.
Juges prudens, qui scavez choses telles,
Pugnir devez leurs faultes criminelles
Et les chasser hors des villes aux champs,
Car ceulx qui sont de leur bouche approchans
En leur touchant tuent les ames et corps.
De folle amour en fin viennent discordz.

Femmes voyons qui les femmes decoyvent,
Et les maris souvent s'en appercoyvent.
Bien peu leur chault s'on faict telle entreprise.
Ilz sont certains que telles femmes boyvent
A leurs despendz. Touteffois ilz recoyvent
Aucuns deniers; ce leur esprit aguise.
Cupido vient; son brandon sec atise.
Venus le suyt; une grant flamme allume.
Feu n'est si cler qui à la fois ne fume.

Femmes qui sont ainsi determinees
S'abandonner pour plaisance mondaine,
On les estime à ordes cheminees[5]
Où busches sont par brazier affinees,
Fumees gettans en puanteur villaine,
Voulans humer à venimeuse allaine,

---
[4] A, B-- nous.
[5] A-- estime arides cheminees.

Luxurieuse[6] en cueur qui les honnit.
Tous obstinez pecheurs Dieu les pugnit.

Ceulx qui sont prestz plusieurs pechez commettre,[7]
Luxurieux, et faire violence,
Devant leurs yeulx le sage homme fault mettre.
Icy se prent pour la nostre conscience.
Si vous supply, se aucun y a qui pense
De faire mal, les dictz du Sage notte.[8]
Bien est heureux qui chez soy a bonhoste.

DES FANTASIES ET VARIABLETEZ DES FILLES[9]

Ung grant seigneur fantasieux rememorant[10] la fragilité feminine et[11] regardant la formosité, beaulté et pulchritude de une seulle fille qu'il avoit, considerant qu'elle devoit parvenir à son royaulme et seigneurie, tant aymoit sadicte fille que impossible est à pere desirer plus l'honneur, le bien, santé et prosperité de son enfant. Si pensa en soymesmes que pour la garder plus seurement luy feroit preparer en[12] son chasteau une chambre bien accoustree, ce qu'il fist; et esleut cinq preux chevaliers, ses feaulx, à qui il bailla la garde de sadicte fille, affin que[13] se quelques envieux ou decepteurs par parolles souefves ou blandies venoyent pour la decevoir, suborner ou prendre à force, que ilz y fissent resistence. Et[14] encore pour estre plus fors et hardis à ce faire, les fist armer de precieuses et vertueuses armes. Les chevaliers ainsi noblement accoustrez par le vouloir

---

[6] Pron. : *Luxuri-euse.*
[7] A-- *Ceulx qui veullent plusieurs pechez commettre.*
[8] See note 12, Example I.
[9] Oesterley, I, "De dilectione," pp. 273-5; Swan-Hooper, I, "A king's daughter guarded by five soldiers, elopes with a duke. She is subsequently received back by her father," pp. 1-5.
[10] A, B-- *rememora.*
[11] A, B-- *et* lacks.
[12] A, B--*dedans.*
[13] A, B--*que lacks.*
[14] A, B-- *Et* lacks.

WOODCUT 4

de leur prince et seigneur luy firent promesse de[15] garder sa fille nuyt et jour à leur povoir; laquelle promesse pleut moult[16] audict seigneur. Mais encore pour leur donner meilleur courage, ordonna en oultre que à l'entree de l'huys de la chambre fust pendue une lampe qui rendoit continuelle clarté, affin se quelqu'un venoit nuytamment pour la suborner, que les chevaliers n'eussent excusation de l'avoir laissee ravir hors de la chambre. Puis de rechief establist qu'il y auroit pres de son lict ung chien bien abbayant et rebelle, affin que se quelqun se vouloit latiter[17] ou musser secrettement, et les chevaliers fussent endormis, il les resveillast par hurlements, crys ou abbays. En celle chambre fut mise ladicte pucelle[18] et nourrie delicativement. Touteffois elle desiroit fort[19] à veoir choses mondaines et joyeuses, car apres ses repas et repos elle[20] ne souhaitoit que faire à son plaisir et fantasie, disant en ceste maniere :

— Oe quoy me sert la mondaine richesse,
Estre paree, accoustree gentement,
Quant je ne suis avec gens de noblesse
Pour vivre en joye et parfaicte lyesse,
Prenant plaisir, soulas, esbatement?
Nourrye suis[21] delicativement,
Mais sans cesser nature me admonneste.
Fille seullette a maint penser en teste.

— Cupido vient; son arc bendé desbende
Sur moy, tyrant sayettes empennees.   10
Venus me dit que hommage [je][22] luy rende.
Nature veult que à leur vouloir entende.
Aussi leurs loix treuve bien ordonnees.
En attendant, filles sont guerdonnees.
Mais que m'en chault? Ma jeunesse se passe.
L'ennuy trop long beaulté humaine efface.

---

[15] A, B-- *de* lacks.
[16] A, B-- *treffort*.
[17] The text reads *latiter* in all editions consulted except J (1538): *la tirer*.
[18] A, B-- *En ceste chambre ladicte pucelle fut mise.*
[19] A, B-- *fort* lacks.
[20] A, B-- *elle* lacks.
[21] A, B-- *Nourrie je suis.*
[22] A, B-- *je.*

— Aux nopces voy dames et damoyselles
Qui passent temps en bancquetz et convys.
Mon desir est de m'esbatre avec elles
Pour passer temps et ouyr[23] des nouvelles 20
Du dieu d'amours dont font souvent devis.
Helas, helas, certes il m'est advis
Que par trop suis subjecte. Brief, je voys
Que ce qu'on ayme on pert souventeffois.

L'ACTEUR

Ceste fille estant en ceste pensee penetrative mettoit souvent la teste hors de la fenestre, desirant veoir aucun grant prince, seigneur ou chevalier pour passer temps et deviser ensemble affin de recreer son esperit qui se fantasioit. Mais quand avoit long temps fiché son regard sur les plains, chemins et sentes, mesmement sur boys, prez, landes, taillis et voyes obliques et ne voyoit aucun à qui elle peust dire ses gracieuses complainctes et amoureux pensers et desirs affectueux, se retiroit comme faschee, ennuyee et fantasiee. Aucunesfois se gectoit sur ung lict cuydant prendre repos, mais impossible luy estoit. Et brief, elle ne scavoit quelle contenance tenir. Apres, elle se mettoit sur ung banc où elle contemploit et regardoit plusieurs tapisseries ou estoyent figurees et painctes anciennes et nouvelles hystoires. Mais peu y prenoit[24] plaisir; parquoy incontinent, esmeue d'ardant desir, retournoit à la fenestre pour faire regardz lubriques, esperant que quelqun passeroit par là à qui elle racompteroit ses complainctes, car cueur couroucé ou ennuyeux est, se luy semble deschargé quant il a dit à quelqun sa pensee. Sur ceste fantasie passa par là ung grant et puissant prince qui venoit de l'esbat. Et si tost qu'elle l'apperceut, pensa comme elle pourroit trouver facon qu'il addressast son chemin vers elle, considerant que ce n'eust pas esté son honneur de l'appeller. Si pensa[25] pour le plus couvert qu'elle chanteroit une chanson, et ainsi[26] comme

---

[23] Pron.: *ou-yr*.
[24] A, B-- *prenoit de*.
[25] A, B-- *Si luy sembla*.
[26] A, B-- *et que ainsi*.

l'oyseleur par son flaiol ou pipe decoit et attrape l'oyseau à la pipee, ainsi son chant[27] attrairoit à son amour ledit prince, esperant que s'il estoit joyeulx et recreatif, il[28] prendroit son chemin vers elle, et là pourroyent ensemble deviser de choses humaines et naturelles. Et estoit la chanson telle:

CHANSON EN FACON DE RONDEAU[29]

— Pensive suis, frappee d'ung subtil dart,
Et n'ay science ou [h]abilité de art
D'oster mon cueur d'amoureuse poincture,
Se ne complais à ma dame, Nature,
Qui mon esperit nuyt et jour brusle et art.

— En plusieurs lieux je gette mon regard,
Et si ne voy nul qui me dye 'Dieu gard!'
En ce beau lieu où prens ma nourriture,
  Pensive suis.

— Je vouldroys bien ouyr quelque brocart   10
D'ung gay amant secret, plaisant, gaillard,
Qui fust hardy d'assaillir ma closture.
Preste seroye d'[30] en faire l'ouverture;
Car trop m'ennuye attendant ce hazart;
  Pensive suis.

---

[27] A, B-- *decoit l'oyseau et le prent a la pipee, ainsi par son chant.*
[28] A, B-- *il* lacks.
[29] For the evolution of the rondeau from a dance form (chanson) see G. Raynaud, *Rondeaux et autres poésies du xv*[e] *siècle* (Paris, 1889), p. xxxv. The rondeau form here is known as a *rondeau double*, a late fifteenth century invention used extensively in the following century where it is termed *rondeau nouveau*. Cf. G. Lote, *Histoire du vers français* (Paris, 1951), II, 300-1.
[30] A, B-- *d'* lacks. The addition of the preposition in D creates an epic cesura.

L'ACTEUR

Tandis que ceste fille amoureuse et plaisante verbyoit la chanson predicte, le prince qui venoit de l'esbat ouyt la resonance de la voix humaine et eut fantasie le plus secrettement qu'il se peut faire approcher pres le lieu où estoit la dame, esperant jouyr d'elle, car il prenoit singulier plaisir à ouyr son chant [h]armonieux. Si approcha si pres qu'il apperceut que les cinq chevaliers armez qui avoyent la garde estoyent endormis. Et en estoit cause la dame, car elle les avoit repeuz et nourrys[31] au paravant de viandes exquises, vins fumeux et delicatz qui les contraignit à dormir, ce qui enhardist et donna courage au prince de approcher pres d'elle en telle maniere que il povoit facilement deviser à son plaisir et contempler sa beaulté. Et incontinent la regarda de ses yeulx ympudiques, et elle luy[32] d'ung regard attrayant. Ainsi furent tous deux pasmez en l'amour l'ung de l'autre. Toutesfois le prince et seigneur parla à elle, luy disant sa fantasie qui fut telle :

— Cueur feminin, celuy seroit heureux
Qui jouyroit[33] de votre plaisant corps.
Mon vouloir est, par faictz chevalereux,
Vous conquerir comme vray amoureux.
De ceste tour vous transporteray hors.
Mais icy sont cinq chevaliers treffors
Vous preservant, et une lampe ardante,
Mesmes ung chien, j'en suis assez recordz,
Bien abbayant : c'est cela qui m'espante.

—Or, ay-je espoir, ma maistresse et ma dame,   10
Que s'il vous plaist, de vous je jouyray.
Icy n'avez aucun reconfort d'ame.
Finesse n'est que ne treuve une femme.
Saillez dehors, je vous resjouyray.
Aymez-moy donc, et je vous serviray,
Car fort me plaist vostre noble noblesse.

---

[31] A, B-- *avoit nourrys et repeuz.*
[32] A, B-- *luy* lacks.
[33] Pron.: *jou-yroit*, et passim.

Passer le temps par tout vous meneray.
Icy perdez vostre fleur de jeunesse.

— Se possible est, trouvez facon, maniere
De vous oster de ce lieu solitaire, 20
Et nous ferons ensemble bonne chiere;
Car sans doubter serez ma mie treschiere.
Mon plaisir est à vostre vueil complaire.
Ce lieu est clos. Ce ne vous scauroit plaire.
Vous n'y avez passetemps ne esbat.[34]
Laissez-letost, et nous deux yrons faire
En autre part ung amoureux sabbat.

L'ACTEUR

Ceste fille, oyant le gracieux devis du prince et regardant son amoureuse contenance, mua couleur et fut incontinent ravie et frappee de son amour, se delibera de obtemperer à sa voulenté. Toutesfois fut par aucune espace de temps toute fantasiee. Puis apres parla à luy gracieusement, ainsi qu'il s'ensuyt:

— Prince puissant, mon pere m'a cy mise,
En me baillant cinq chevaliers pour garde.
Folle seroye, et de sens peu rassise,
De le courcer. Velà où je regarde.
Et toutesfois aussi l'heure me tarde
Que ne suis hors d'icy, car je congnois
Que la fain fait saillir le loup du boys.

— J'ay grant desir de veoir choses mondaines,
Rire, chanter, passer temps et m'esbatre.
Les filles ont des fantasies soubdaines. 10
Il est bien fol qui cela veult debatre.
Icy croupir à la cendre ou à l'astre
Sans s'esjouyr, c'est rompement de teste.
Accomplir fault raisonnable requeste.

---

[34] No elision: *ne esbat.*

— Cinq chevaliers qui ont garde de moy
J'ay endormis par mon chant gracieux.[35]
Or, ne soyez plus de riens en esmoy.
Vous jouyrez de mon cueur precieux.
La lampe ardante illuminant ces lieux
Verrez souffler, et le[36] chien qui abboye
Mettray à mort qu'on ne vous oye et voye.

L'ACTEUR

Ceste fille fantasiee d'une amour libidineuse, sans regarder la fin de son oeuvre ne considerer l'entreprinse qu'elle faisoit, regarda les cinq chevaliers tous armez, endormys. Et incontinent se delibera de estaindre la lampe: ce qu'elle fist. Puis print ung glaive duquel furieusement occist son chien qui abbayoit. Incontinent s'en alla avecques son amoureux qui l'ayma d'une amour deceptive. Et furent par aucune espace de temps ensemble en lieux deshonnestes et publicques, accomplissans leurs voluptez et desirs charnelz en deshonnestes parolles et villains attouchemens. Le jour ensuyvant fut faicte grande clameur par le palaix royal pour la perte d'icelle, tant que les nouvelles en vindrent jusques à son pere. Et quant il fut certain de l'absence et perte de sa fille qu'il aymoit de vraye amour, se courouca tresfort en disant:

— O, qu'as-tu fait, fille mal conseillee,
Qui as souffert estre ravie, pillee.
Sans te vouloir nullement revencher,
De mon palaix royal es exillee.
Par lieux vagans, ainsi que desriglee,
Vas tracassant en meurtrissant ta chair.
Je t'aimoye tant. J'estois ton pere cher.
Ta gloire pers. Ton bruit s'effacera.
Qui honte craint, sans honneur ne sera.

---

[35] Pron.: *graci-eux, preci-eux*. Both rhyme with *lieux*, dipthong.
[36] A, B-- *ce*.

— Ton vicieux[37] depart si fort m'argue,   10
Qu'il m'en survient pensee si ambigue,
Que aucunesfois je souhaitte ta mort.
Mais tout soubdain pitié me redargue
En me disant que pensee si ague
Doibz expulser. Velà qui me remort,
Et mesmement fragilité qui mort.
Le feminin est cause de ce blasme.
Trop aise fait varier mainte femme.

— Tu passois temps en mon palaix royal,
Où bien souvent, d'ung vouloir cordial,   20
Revisiter doulcement te venoye.
Des biens avoyes, et par especial
M'amour qui est ung don si liberal
Que qui l'acquiert, il vit sans fin en joye.
Et maintenant fault-il que dire je oye
Grace obtenir? Es reputee indigne.
Le malheur vient à c'il qui le machine.

L'ACTEUR

   Le pere de la fille tout fantasié resida en son palaix delicieux, courroucé et marry contre elle. Et ce voyant ung preux chevalier qui avoit l'administration et gouvernement de la justice imperialle, adverty de l'offence que la fille avoit commise en contemnant son pere et l'oultrecuidance du prince decepteur et rapteur d'icelle, se arma de precieuses armes et courut legierement apres eulx, et en fist telle poursuite qu'il les trouva joinctz et unis ensemble. Quant le prince apperceut le chevalier, il tira son glaive et se mist en deffence, car le chevalier monstroit semblant et maniere qu'il le vouloit combatre et[38] vertueusement venger le pere de l'oultrage que le prince luy avoit fait en luy ravissant et subornant sa fille, excusant sa fragilité. Tant combattirent l'ung contre l'autre que en fin le prince fut vaincu par

---

[37] Pron.: vici-eux. Idem: piti-é, et passim. Also note pron. of desinence: i-al.
[38] A, B-- combatre vertueusement et.

le chevalier et lui couppa la teste. Puis ramena la fille au palaix
de son pere. Et fut[39] long temps sans oser regarder la face de sondit pere. Mais continuellement gettoit regretz et soupirs, fondante
en larmes, comblee de dueil, taincte de couroux, pasmee de gemisse-
mens en disant piteusement:[40]

— J'ay courcé trop mon pere qui m'a faicte,
Dont me repens de voulenté parfaicte.
Ma coulpe en batz. Fort me desplaist l'offence.
Maintenant suis gastee, pollue, infecte
Totallement, et de vertu deffaicte.
Incessamment à mon meffaict je pense.
Me presenter par devant la presence
De monseigneur ne me ose touteffois.
Il me desplaist de l'inobedience,
Et me repens de mon insipience. 10
Mon peché grief considere et congnois.

— Meurtriere suis, et de moy larronnesse.
J'ay lampe ardante et luminant sans cesse
Soufflee, estaincte, et cinq preux chevaliers
Contrainctz dormir. O povre pecheresse,
A tousjoursmais doibz lamenter sans cesse,
Gettans larmes par cen[t]s et par milliers.
Secrette mort souffriroye voulentiers.
Tant doubte et crains l'yre de mon chier pere,
Car il n'avoit privez ne familliers 20
Qu'il aimast mieulx que moy. Mais les sentiers
Que j'ay suyvis me font grant vitupere.

— O, qu'as-tu fait? Ton pere te desprise.
De ton malfaict tu as esté reprise.
Repens-toy donc'. Helas, amende-toy,
Considerant comme as esté surprise.
Et le rapteur, qui t'a ravie et prise,
Succombé est. Cause as de prendre esmoy.

---

[39] A, B *pere qui fut.*
[40] A, B-- *piteusement* lacks.

Mon pere plus ne tient compte de moy.
Sa fille suis. Fille, que doys-tu dire? 30
Offencé as pere, empereur et roy.
Où te es-tu mise? En trespiteux arroy.
Las, je crains trop de mon geniteur l'yre.

L'ACTEUR

Ceste fille de cueur contrict, plongee en larmes, soy repentant[41] de la faulte qu'avoit commise envers son pere, ne scavoit quelle contenance tenir. Mais tandis qu'elle gettoit ses crys, regretz et plaintes, estoit pres d'icelle ung prudent conseiller de son pere qui eut pitié de ouyr telles lamentations et s'approcha pres d'elle en la reconfortant doulcement. Et si sa coustume estoit telle d'estre mediateur et faire la paix de ceulx[42] qui avoyent offensee la sacree majesté imperialle. Si promist à la fille de faire sa paix envers son pere, pourveu qu'elle fust deliberee de ne l'offencer plus:[43] ce qu'elle promist d'ung ferme propos. Ainsi, ledit mediateur trouva facon et maniere de avoir acces au pere d'elle. Et apres qu'ilz eurent devisé de plusieurs choses, l'advertit comme sa fille se repentoit de son malfait, promettant ne l'offencer jamais, lui suppliant que ce fust son plaisir luy pardonner ses mesfaictz. A la priere duquel mediateur son pere lui pardonna et la receut comme devant. Et oultre pour lui faire plus de plaisir la maria à ung tresillustre, noble et puissant prince, voulant pour la solempnité du mariage faire grande assemblee de princes, seigneurs, chevaliers, escuyers, dames et demoiselles, et faire preparer ung excellent banquet. Or, advint que l'espousee estoit assise en une chaire richement paree, attendant lesdictz princes et seigneurs pour recevoir ses estraines, ainsi qu'il est accoustumé de faire. Par quoy son pere se delibera de lui faire present de une riche robbe, appellee polimite, bordee de lettres d'or. Et estoit l'escript tel: *Je t'ay pardonné; n'y retourne plus.* Ung roy qui estoit present aux nopces luy donna une couronne où estoit escript: *Et moy ta dignité.* Le chevalier ou propugnateur qui l'avoit ostee

---

[41] A, B *repentante.*
[42] A, B-- *mediateur de faire paix à ceulx.*
[43] A, B *de ne le plus offencer.*

des mains du rapteur lui donna ung anneau où estoit telle escripture : *Je t'ay aimee; apprens à aimer.* Du mediateur qui fist la paix envers son pere receut ung anneau[44] ainsi escript : *Que ay-je fait? Combien? Pourquoy?* Le filz du roy luy presenta ung autre anneau ainsi escript : *Tu es noble; ta noblesse ne contemne pas.* Son propre germain lui donna ung autre anneau dont l'escripture estoit telle : *Viens à moy; n'ayez paour; je suis ton frere.* Son espoux la voulut douer d'ung signet d'or où estoit escript : *Maintenant es conjoincte: garde-toy de plus pecher.* La fille du seigneur ainsi accoustree de vestements et joyaulx se gouverna sagement avec son espoux et garda les dons qu'on lui avoit donnez jusques à la mort. Et[45] par ce moyen fut aimee de tous et fina ses jours en paix.

SENS MORAL A LA FABLE[46] PRECEDENTE

On pourroit entendre par cest exemple et prendre ce grant seigneur, pere de la fille, pour le roy celeste, c'est assavoir, Dieu, le createur, qui est roy des roys et seigneur des seigneurs. C'est nostre pere qui a puissance sur nous, car il nous a creez. La fille, seulle heritiere du royaulme de son pere, peult signifier l'ame raisonnable, et les cinq chevaliers nos cinq sens de nature. Les armeures dont sont armez signifient la vertu que l'homme recoit quant il prent le sainct sacrement de baptesme institué et ordonné par le precurseur de nostre saulveur et redempteur Jesucrist et confermé par icelui Jesus. Et lesquelz cinq sens sont la veue, l'ouye, l'odorement, le goust et le tast qui sont commis pour garder l'ame raisonnable contre la chair, le monde et le dyable. La lampe ardante est la voulenté de Dieu qui est que l'ame raisonnable soit ardante en son amour, faisant bonnes oeuvres et operations affin qu'elle ne consente à peché. Le petit chien se prent pour la conscience qui doit resister ou recalcitrer contre les pechez. Mais nous voyons que l'ame voulant veoir les mondanitez humaines n'appete que de saillir hors des limites de raison ; ce qu'elle fait incontinent qu'elle commet quelque chose contre le divin commandement et est incontinent subornee du prince que prenons icy pour le dyable, prince d'enfer, rap-

---

[44] A, B.-*ung autre anneau.*
[45] A, B-- *Et* lacks.
[46] A, B-- *l'histoire.*

teur qui la reduit à la voulenté infernalle. Et par ainsi, la lampe de bonnes oeuvres est estaincte, et le petit chien abbayant[47] qui est nostre conscience meurtry et tué. Par ce moyen l'ame en la nuict de peché suyt le dyable. Le chevalier ou propugnateur signifie nostre saulveur et redempteur Jesuchrist qui veult combatre pour l'ame raisonnable, car il n'y a point d'autre qui combate pour nous fors Dieu, nostre seigneur. Le chevalier qui batailla contre le duc s'entend que Dieu batailla pour nous contre le dyable et a vaincu le rapteur en ramenant la fille au[48] palaix de son pere, qui est le palaix celestiel. Le sage mediateur qui fist la paix entre l'empereur et sa fille figurons à Jesus. Comme dit l'apostre que le mediateur de Dieu et homme fut Jesus, en prenant nostre humanité, lequel Jesus est filz de Dieu. Comme dit le psalmiste: *Tu es mon filz. Je t'ay huy*[49] *engendré*. Pareillement, le cousin ou frere germain de l'ame raisonnable figurons à Jesus, nostre redempteur. Aussi, l'espoux de l'ame, à nostre sauveur et redempteur Jesuchrist, lequel l'espousa en vraye amour de fidelité. La fille est reconsillee à son pere, c'est à dire, nostre ame est reconsillee au Pere celestiel et appellee à[50] paix. De lui avons receuz les dons dessusdictz. Premierement, la robe polimite, c'est assavoir, sa digne chair; car par flagellation, crueur et plusieurs aultres tourments la robbe polimite, c'est à dire, la robbe d'humanité, dont nostre sauveur et redempteur Jesuchrist, aorné de escripture sanguine, s'estoit vestu. Et estoit l'escript tel: *Je t'ay rachetee de mon propre sang precieux et ne te demande pour tout mon sallaire que ne retournes plus à peché. La robe polimite de Joseph n'estoit taincte que de sang fainct, c'est assavoir, de sang de bestes irraisonnables. Mais la mienne est taincte et abbruvee de propre sang tyré de mon corps par crueur.* Cestui Jesuchrist, nostre roy, nous a donné une glorieuse couronne quant souffrit estre couronné, ainsi qu'on peult appercevoir par l'escript posé en la couronne de la fille de l'empereur qui est: *Et moy, ta dignité*. Ce fut pour nous chose digne et precieuse quant il voulut aller pour nous au lieu de tourment, portant couronne d'espines sur son chief. Aussi,

---

[47] A, B-- *bien abbayant*.
[48] A, B-- *du*.
[49] A, B *ennuy*.
[50] J-- *La*.

Jesuchrist est nostre propugnateur et[51] deffenseur qui nous a donné ung anneau: c'est le pertuis de sa main dextre. Et peult-on appercevoir que à juste cause y estoyent escritz telz motz: *Je t'ay aimee. Aprens à me aimer.* Nous povons bien entendre que Jesus nous a aimez en tant qu'il a lavez nos pechez par son sang respandu. Apprenons doncques à l'aimer. Et si nous l'aymons bien, nous ferons ses commandements. Jesuchrist aussi est nostre sage mediateur qui nous a donné ung autre anneau, c'est assavoir, le pertuys de la main senestre où est escript: *Que ay-je fait? Combien? Pour quoy me suis-je humilié, prenant forme*[52] *de serviteur? Pourquoy me suis-je fait homme, sinon affin que je rachetasse par les playes de mes mains l'homme perdu?* Jesuchrist, filz de l'eternel roy, est nostre frere qui nous a donné le tiers anneau, c'est assavoir, le pertuis de son pied dextre où est escript: *Tu es noble. Ne contemne point ta noblesse.* Certainement Jesuchrist est nostre germain et nous a donné le quatriesme anneau, c'est assavoir, le pertuis du pied senestre où[53] il est escript: *Approche. N'ayes paour. Je suis ton frere.* Jhesuchrist aussi est nostre espoux. Il nous a donné ung signet auquel l'heritage de nostre ame, son espouse, est baillee, c'est à dire, les playes de son coste percé de lance où estoit escript:[54] *Tu es conjoincte à moy par misericorde. Ne vueilles plus pecher.* Estudions tandis que sommes en ce mortel monde à bien garder les joyaulx que nostre redempteur Jesuchrist nous a donnez, affin que nous puissons dire: 'Sire, tu nous a baillez cinq talens. En voicy cinq autres que nous avons gaignez par iceulx.' Et ainsi, sans faulte, apres la mort corporelle pourrons acquerir eternelle gloire.

L'ACTEUR

Princes puissans, se voulez garder filles,
Ne les souffrez parler toutes seulettes
Avec mignons, car ilz[55] sont difficiles

---

[51] A, B-- *propugnateur, batailleur et.*
[52] A, B-- *Pourquoy je me suis humilié, prenant la forme.*
[53] A, B-- *auquel.*
[54] A, B *tel escript.*
[55] Frequently used in place of *elles.* See Huguet.

A les[56] garder, posé qu'elz soyent subtilles.
Par beau parler à vices sont attraictes.
De les laisser enfermees[57] seullettes
N'est point requis. Nature les esmeult.
Qui sagement ses filles nourrir veult,[58]
Faire leur fault quelque science apprendre
Pour se occuper, car fille par ce peut   10
Passer le temps sans envers Dieu mesprendre.

En femme oyseuse[59] est lascheté diffame,
Tant noble soit, car ainsi que j'entendz,
Le fresle corps qui est subject à l'ame
Ne veult souffrir qu'on le deprime ou blasme.
L'ame et le corps font noises et contempz,
Mais Dieu pugnit tout à heure et à temps,
Quant il congnoist que l'ame est obstinee.   20
Et qu'el s'en part faire sa destinee
Avec le duc, c'est le prince infernal,
S'elle se repent, bien tost est ramenee
Soubz le pouvoir puissant imperial.

Le corps subject à l'ame est sans doubtance,
Et nous voyons l'ame se assubjectir
A nostre corps. Ayons donc congnoissance
Du hault povoir de l'ame. Repugnance
Faisons du corps; à mal veult consentir.
De ce corps peult mortalité sortir,   30
Et nostre ame est sans doubter immortelle.
Ne perdons par gloire perpetuelle
Pour satiffaire à chose transsitoire.
Dieu nous a fais de forme naturelle,
Et si aurons, se à nous ne tient sa gloire.

Le doulx Jesus plusieurs joyaulx nous donne,
Que nous devons garder songneusement.

---

[56] Redundancy.
[57] Pron.: *enfermé-es*.
[58] A, B-- *saigement nourrir ses filles veult*.
[59] A--*oysive*. Syn.

A nostre vueil ses biens nous habandonne.
Quant le prions, tous nos meffaictz pardonne.
Il est puissant, sapient et clement. 40
Obeissons à son commandement,
Puis qu'il nous peut en l'eternel demaine
Place donner. Laissons la vie mondaine
Qui passe ainsi comme vent ou fumee.
Certaine voye vault mieulx que l'incertaine.
Dur est laisser la chose accoustumee.

III

DE JUSTICE ET MISERICORDE

    Princes, seigneurs doyvent bien[1] garder[2]
A quelz recteurs baillent gouvernement
De leurs subjectz. S'ilz le font autrement,
L'yre du ciel ne pourront evader.
Or, voyons-nous advocatz proceder
En jugemens causes irraisonnables.
Or, qui vouldroit à telz gens accorder,
On getteroit des jugemens dampnables.
Juges, soyez des povres pitoyables
Qui ont bon droit. Abbregez leurs proces ;   10
Car se souffrez que par vous ayent exces,
Chambre prenez avecques tous les dyables.

    Or, voyons-nous juges vindicatifz
Qui par despit font plusieurs jugemens.
Obeyr fault à leurs commandemens
Quant sont despitz, rebelles et hastifz.
Les autres sont mornes, songears, pensifz,
Qui ont le cueur à attraper pecune
En commettant plusieurs cas excessifz.
Pour s'elever sur la roue de fortune   20
Aucuns ont bruit qu'i[ls][3] tiennent de la lune.

---

[1] The phoneme in *bien* normally constitutes in Middle French a diphthong. Cf. F. Brunot and G. Bruneau. *Précis de grammaire hist.* (Paris, 1949), p. 594.
[2] A, B--*regarder*.
[3] D reads *qui*, i.e. *qu'i* or *qu'y*. *Y* is frequently a variant form of *ils*.

Eviter fault de telz gens les challeurs.
Tout en ce point que aveugles des couleurs,
Veullent juger, se à aucun[4] ont rancune.

Nous en voyons qui sont si paresseux
Que abusent gens par leurs subtilz blasons.
Vingt ou trente ans gardent en leurs maisons
Proces en sacz. Telz gens sont vicieux.
Chacun congnoist qu'ilz laissent mourir ceulx
Qui ont bon droit en gran necessité,   30
Prenans presens, comme malicieux,
Pour differer de juger verité.
L'homme qui est de grande auctorité
Et au povre a debat, proces ou plait,
Si par argent ou par amis complait,
A juges faulx il sera herité.

Paresseux sont, quant ilz ne daignent lyre
Aucun proces, s'il y a conjecture.
Jugemens font, souvent à l'adventure.
On doit doubter de telz justiciers l'yre.   40
Princes, gardez telz justiciers eslire,
Car aucun bien n'en vient à la parfin.
Ilz craignent trop de la verité dire
Contre parens ou quelque amy a[f]fin.
Or, n'y a-[t]-il si rusé ne si fin,
Se muny est de bien meuble ou de terre,
Qu'il ne luy faille avoir proces ou guerre,
Et fust-il pape, empereur, roy, daulphin.

Le juge doit bien observer la loy
Sans la casser, mais juger justement,   50
Ne souhaitter ne aymer[5] ardamment
Bagues, joyaulx, or, argent ne alloy.
Quant jugeras les hommes, pense à toy.
Que Dieu tout bon misericordieux

---

[4] A, B--*quelcun.*
[5] No ellision: *ne aymer, ne alloy.*

WOODCUT 5

Est aux humains: helas, c'est nostre foy,
Et sans laquelle on ne parvient aux cieulx.
Juge, es esleu en ces terrestres lieux,
Et tu scais bien que Dieu plain de concorde
Te doit juger. Se fais misericorde,
Il m'est advis que tu en vauldras mieulx.   60

EXEMPLE DE MISERICORDE ET DE JUSTICE[6]

Ung juge en fantasiant ordonna telle loy que qui prendroit une femme à force ou violence, il seroit à la voulenté de la partie offencee declarer le violateur estre digne de mort ou le prendre à mary sans douaire. Le cas advint que deux filles estoyent couchees ensemble seulles en une maison et avoyent oublié à penser à la fermeture d'icelle. Durant le temps qu'ilz estoyent en leur premier somme, arriva ung jeune filz qui les trouva seulles. Se delibera d'avoir leur compaignie charnelle. Et ainsi qu'il s'efforcoit de ce faire, s'esveillerent toutes esmeues et estonnees. Le jeune filz leur declara son vicieux desir, mais pour priere qu'il leur sceust faire, ne se voulurent consentir à sa voulenté desordonnee. Il leur fist plusieurs doulces requestes et promesses, dont tindrent peu de compte. Et quant il vit qu'il ne les povoit attraire à sa voulenté par beau parler, leur fist plusieurs menaces, mais il perdoit temps. Quant il vit qu'il n'en povoit jouyr par beau parler ne menacer et que l'une s'en fuyt en une garderobe, il trouva moyen de l'enfermer. Ce temps pendant il[7] alla vers l'autre et la viola. Et ce fait, s'adressa à l'huis de ladicte garberobe que l'autre fille tenoit fermé contre luy. Si le rompit, entra dedens, et pareillement la viola. Puis se partit et s'en alla à son advanture sans redoubter son enorme peché. Or est ainsi que lesdictes deux filles toutes deschevelees, plorantes et gemissantes la perte de leur pucellage qu'ilz ne povoyent

---

[6] Oesterley, IV, "De justicia judicantium," p. 277: Swan-Hooper, LV, "Of the conflicting claims of mercy and justice," pp. 7-8. Gringore omits the temporal localisation: "Cesar regnavit."

[7] A, B-- *il* lacks.

recouvrer, allerent faire leurs complainctes devant le juge, lequel du cas adverty, mesmement du nom du violateur, y envoya ses sergeans qui firent la diligence de le trouver et l'amenerent devant le juge. Et iceluy interrogué sur ce cas confessa sans gehaine ne torture avoir commis la defloration. Le juge demanda à l'une des filles quelle estoit sa voulenté. Sa responce fut qu'elle vouloit qu'il fust mis à mort selon la loy. Pareillement le juge demanda à l'autre fille quelle estoit sa voulenté. Sa responce fut qu'elle estoit contente le prendre par mariage selon que la loy l'avoit ordonné.

Et[8] celle qui pourchassoit sa mort dist au juge : —La loy veult et ordonne que quiconques prent une fille par violence, il doibt estre mené a l'execution patibulaire, c'est à dire, au lieu determiné pour souffrir mort. Si veul que cestuy violateur y soit mené et executé comme il est dit en la loy.

L'autre fille luy respond : —Il est vray que la loy dit et determine que tu ayes ta demande, mais aussi qui vouldra garder la loy, j'auray la mienne. Et pource que ma peticion ou demande est plus petite et charitable, il me semble que le juge donnera sentence pour moy. Si demande le benefice de la loy.

Le juge ouyt la difference des parties, considerant[9] la fragillité humaine. Meu de pitié et misericorde, permist à la fille qui vouloit avoir en mariage le violateur le prendre à mary selon la loy; ce qui fut fait. Et depuis se gouvernerent vertueusement et regnerent paisiblement jusques en la fin de leurs jours.

EXPOSITION ET SENS MORAL A L'HISTOIRE PREALLEGUEE

On pourroit fantasier et entendre par ce juge nostre saulveur et redempteur, Jhesuchrist, qui a deffendu tous pechez mortelz sur peine de mort eternelle, car sa loy est telle comme ung chacun chrestien scait ou doit scavoir. Le violateur signifie l'ame d'ung chacun pecheur, car si tost qu'elle part du corps humain, elle treuve deux filles, c'est assavoir, Justice et Misericorde qu'elle ravit et prent. Puis toutes deux viennent devant le juge où est amenee l'ame du pecheur. Justice allegue contre l'ame du pecheur qu'elle doit estre condamnee à souffrir mort et peine eternelle selon la loy.

---

[8] A, B- *Et* lacks.
[9] A, B- *en considerant*.

Mais Misericorde divine allegue que par contrition, confession et satisfaction l'ame sera sauvee. Et pour ce estudions à plaire à Dieu affin que ne soyons jugez selon la rigueur de justice, mais sauvez par sa misericorde; ce que serons[10] s'il ne tient à nous, car le juge qu'est nostre redempteur, Jhesuchrist, ne refuse misericorde quant on luy demande de bon cueur.[11]

L'ACTEUR

Ad temps present regnent violateurs
Dont on ne fait quelque pugnition.
Filles en font bien peu de mention,
Car force argent ont de riches rapteurs.
On les pourvoye à d'aucuns serviteurs,
Qui sont d'accord de les croire pucelles.
On voit assez de mondains decepteurs
Filles gaster par blasons et cautelles,
Et sans penser aux offences mortelles,
Desirs pervers commis et grief malice.   10
Mais en la fin la divine justice
Les pugnira, s'ilz font plus choses telles.

Posé que Christ misericorde face
Aux penitens et estende les mains,
Justice veult pugnir pecheurs humains,
En leur monstrant espouventable face.
Violateurs, justice vous menace.
Helas, il est tant de filles gastees
Qu'on peult trouver en la publicque place,
Gentes de corps, parees et ehontees.   20
N'en faictes plus; trop en est de notees.
Bien est requis que notez ceste clause
Que des pechez qu'ilz font vous estes cause.
De leur salut ilz sont par vous ostees.

---

[10] A- *ce que serons* lacks.
[11] A, B- *misericorde à ceulx qui luy demandent de bon cueur.*

Vierge gastee on ne peult reparer.
Fille heureuse est qui virginité garde.
Des bien[s] aura sans doubte, quoy qu'il tarde.
Dieu ne permet d'elle se separer,
Mais place au ciel luy vouldra preparer.
Et l'espouser comme sa chiere amee. 30
Honneur est prest la vestir et parer.
Elle sera fille à justice clamee.
Mais sans doubter la fille diffamee
Pour son plaisir desplaist si fort à Dieu
Qu'il ne la peult veoir en place ne lieu,
Non plus que font mauvais yeulx la fumee.

IV

DE VAINE GLOIRE ET OULTRECUIDANCE

Ès courtz des roys et des princes royaulx
Sont plusieurs gens en honneur eslevez,
Tenans termes vaniglorieux, haultz,
Qui des seigneurs sont amis et privez.
Or, ont plusieurs, ainsi que vous scavez,
Tresgrant besoing que des princes ayent grace.
Leurs gouverneurs ne veullent qu'on leur face.
S'ilz n'ont argent, de grace sont privez.

Si grant plaisir prennent à recevoir,
Que voulentiers les gens escorcheroyent   10
En esperant de leur substance avoir;
Ou autrement le seigneur ne prieroyent.
Robbe et pourpoint ou manteau souffriroyent
Vendre plus tost qu'ilz ne happassent dons,
Tendans la main pour avoir grans guerdons;
Ou autrement nul plaisir ne feroyent.

Attendans sont drappiers, merciers, grossiers
Pour recevoir draps de laine ou[1] de soye,
Haulbins, courtaultz, hacquenees, coursiers,[2]
Mulles, mulletz qu'ilz prennent à grant joye.   20
Les officiers baillent or ou monnoye;
Autrement n'ont office. C'est l'usage.

---

[1] A, B-- *et.*
[2] A, B-- *et coursiers.* Pron.: *coursi-ers* in D.

Autant leur est le fol comme le sage.
Par ce moyen maint juge se desvoye.

  Quant tresoriers ont fait quelques deceptes
Et ne peu[v]ent plus parvenir à leur cas,
Que compte fault rendre de leurs receptes?
Terme ont souvent de compter pour ducatz.
Ce temps pendant ilz font quelque cabas
Où le seigneur par accident se meurt.   30
Mais touteffois il fault garder le heurt.
Plusieurs en sont tumbez du hault en bas.

  Conclusion: vous povez bien entendre
Que gens de court mettent tout leur plaisir
Tendre la main. Tousjours sont prestz de prendre.
Par[3] vaine gloire appetent de saisir.
Tout[4] amasser n'ayez plus de desir.
Par ce perdez l'heritage des cieulx;
Car ceulx qui font d'or et d'argent leurs dieux,
Despendre tout n'auront jà le loysir.   40

EXEMPLE DE VAINE GLOIRE[5]

  Ung grant seigneur regna qui print sa fantasie sur toultes choses à regarder la beaulté des dames. Et pource que souvent frequentoit en ung temple, fist faire trois statues feminines et les fist mettre de bout, commandant à tous ses subjectz les adorer. La premiere statue ou ymage avoit la main estendue vers le peuple, tenant ung anneau d'or où estoit escript: *Je suis noble. Velà l'anneau.* La seconde statue avoit une barbe doree et ung escript en son front qui

---

   [3] A, B-- *Car.*
   [4] A, B-- *Tant.*
   [5] Oesterley, VIII, "De vana gloria," pp. 282-4; Swan-Hooper, VIII, "Story of a statue with a golden ring, beard and cloak," pp. 15-7. The *grant seigneur* in the *Fantasies* is Emperor Leo.

WOODCUT 6

estoit tel: *Je suis barbue. S'il y a aucun qui soit chaulve, vienne à moy et prenne ma barbe et mon poil.* La tierce statue avoit ung manteau de pourpre sur sa robbe. Et estoit escript sur son estomach en lettres d'or: *Je suis qui ne crains homme.* Ces trois statues estoyent de pierre et couvertes de vestemens humains. Ce grant seigneur qui avoit mis sa fantasie à les veoir, fist ung edict que celuy ou ceulx qui prendroyent l'anneau, barbe ou manteau desdictes ymages seroit condampné à souffrir mort ignominieuse et detestable. Apres l'edict fait et publié à son de trompe, advint que ung homme inique, mauvais, oultrageux et obstiné entra au temple où estoyent les statues, et voyant l'ymage qu'i[l][6] à tous presentoit, l'anneau luy ravist et osta de son doy. Et non content de ce, alla à la seconde statue et par violence luy osta la barbe d'or qu'elle avoit. Et de rechief pertinax en son oppinion, se transporta vers la tierce statue et luy osta son manteau. Puis, quant il eut[7] ce fait, il[8] se partist du temple et mist l'anneau en son doy, la barbe en son menton, vestit le manteau, et se pourmena en cest estat pour son plaisir parmy[9] la ville.

Quant le seigneur fut adverty du cas, se courouca grandement[10] à l'encontre du malfaiteur qui avoit contemné son commandement. Si envoya ses souldars et sergeans qui le trouverent et l'amenerent par devant luy. Quant il fut devant le seigneur, il ne fist pas grant compte de sa prinse, mais le regarda d'ung courage fier et hardy. Le seigneur qui estoit prudent et vertueux le redargua qu'il avoit contre son edict prins les anneau, barbe et manteau des statues qui estoyent au temple. Le malfaicteur requist qu'il fust ouy en ses deffences: ce que le seigneur luy permist, ainsi que juge rassis et moderé.

Le rapteur ou larron fist excuses telles[11]: —Quant je entray au temple, la premiere statue avoit la main tendue vers moy, tenant en icelle ung anneau comme se elle vouloit dire: *Prens cest anneau.* Et touteffois je ne me ingeray pas de le prendre jusques à ce que j'eusse fait lecture de l'escripture qui estoit telle: *Je suis noble. Velà l'anneau.* Si me sembla que sa voulenté estoit que j'eusse ledit

---

[6] D reads *qui.* Note the separation of subject pronoun from the verb.
[7] A, B--*Puis, quant il eut lacks.*
[8] A, B--*il* lacks.
[9] A, B-- *par.*
[10] A, B-- *tresgrandement.*
[11] A, B-- *telles excuses.*

anneau; par quoy je le prins et mis en mon doy. Apres je vins à la seconde statue qui me sembla fort estrange à cause qu'elle avoit la barbe d'or. Et comme tout pensif rememoray que son pere ne porta jamais telle barbe, car je l'ay veu et congneu plusieurs fois. Si consideray qu'el[le] ne devoit presumer de soy estre plus grant que son pere, et me sembla que selon raison soit utile et convenable luy oster sadicte barbe. Mais nonobstant telle consideration, je ne luy voulus point oster jusques à ce que j'eusse fait lecture de l'escript qui estoit en son front, qui estoit tel: *Je suis barbue, et s'il y a quelcun qui soit chaulve, vienne à moy et prenne ma barbe et mon poil.* Or, peult-tu scavoir et cognoistre que je suis chaulve. Et si te vueil bien advertir que je lui ay ostee ceste barbe pour deux choses. La premier[e] affin que ladicte statue fust semblable à son pere et que pour sa[12] riche barbe elle ne fust orgueilleuse et fiere. La seconde estoit affin que je parasse et accoustrasse de son poil precieux et riche ma teste chaulve. Au regard du manteau que j'ay osté à la troisiesme statue, je ne l'ay pas fait sans grande consideration, car j'ay pensé en moymesmes que l'ymage est de pierre. Or, naturellement, la pierre est froide. Si, m'a semblé que si elle avoit le manteau d'or qui aussi est froit de soy, ce seroit adjouste[r][13] froidure sur froidure qui causeroit aucune pourriture et putrefaction à la statue ou audict manteau. Et encore pour telles considerations je ne luy eusse point osté, mais quant je vis l'escript de son front qui estoit tel: *Je suis qui ne crains homme du monde,* j'eus dueil de l'orgueil qui estoit en elle et luy ostay le manteau, affin que elle se humiliast.

 Les excusations du rapteur ouyes, le seigneur luy fist reponce telle: —Mon amy, il est commandé et cryé par la loy que nul ne fust si hardy de oster, ravir ne despouiller les statues, dont tu estois bien adverty. Et pour ceque tu te es entremis des choses qui ne te appartiennent en contemnant mes edictz et loy, nonobstant tes excusations, je donne par jugement et arrest aujourdhuy que tu soyes pendu et estranglé en ung gibet tant que mort s'en suyve.

 Adonc[14] incontinent vint l'executeur de justice qui executa l'arrest

---

[12] A, B *si*.
[13] The past participle is used in all editions.
[14] A, B-- *Adonc* lacks.

prononcé par ledit seigneur.[15] Et ainsi ledit rapteur fina ses jours pour son offence.[16]

SENS MORAL SUR LADICTE HYSTOIRE

On pourroit applicquer ce grant seigneur à nostre saulveur et redempteur, Jesuchrist. Et les trois ymages à l'eglise, noblesse et marchandise ou labeur qui se delecte à les aymer ainsi qu'il est dit: *Mes delices sont estre avecques les filz des hommes.* Parquoy, si nous vivons sainctement et justement, Dieu demourra avecques nous.

Par la premiere statue qui a la main estendue, nous devons entendre les marchans ou laboureurs de ce monde. Et quant ilz vont ès courtz des princes ou devers les juges, ilz n'y sont prisez ne bien venus, s'ilz n'ont tousjours la main tendue pour bailler. Et s'ilz sont prestz de bailler, les gens de court et juges sont encores[17] plus deliberez de recevoir. Mais se il advient d'advanture que les princes et seigneurs ou la court souveraine en soyent advertis et les en reprennent et redarguent, ilz s'excusent en disant: —Puis-je pas prendre en bonne conscience ce que on me presente et donne liberallement. Je ne les contrainctz point à ce faire.

Par la deuxiesme statue qui avoit la barbe[18] d'or sont demonstrez et signifiez plusieurs grans et riches gens en ce monde qui ont acquis vertueusement richesses et avoirs sans fraulde deception[19] ne tromperie et son plus riches que ne furent jamais leurs parens ne leurs peres. Et ce voyant, les faulx[20] envieux de ce monde, ilz[21] taschent à leur ravir, oster et tollir leurs biens, leur richesse et leur substance, c'est assavoir, la barbe d'or qui signifie leur richesse, en disant: —Cestui-cy souloit estre povre et miserable. Ayons ses biens, et donons[22] à entendre qu'il a forfaict contre la majesté sacree[23] du prince, ou le

---

[15] A, B-- *par ledit seigneur* lacks.
[16] A, B-- *pour son offence* lacks.
[17] A, B--*encores* lacks.
[18] A, B-- *a barbe.*
[19] A, B *richesses sans fraulde, dol ne tromperie.*
[20] A, B-- *faulx* lacks.
[21] A, B-- *ilz* lacks.
[22] A--, *aprenons.*
[23] A, B-- *la sacree majesté.*

mettons en proces devant juges favorables, trouvants moyen par
phas ou nephas que luy puissons oster sa barbe d'or, c'est assavoir,
son or et argent. Et de sa barbe faisons[24] cheveulx pour parer
nostre chief. Il s'entend: de son avoir faisons[25] nostre propre, et
en jouyrons comme se l'eussons gaigné loyallement. Telz tyrans et
malfaicteurs sont chauves, c'est à dire, ilz n'ont nulles richesses.
Mais en veullent avoir, ne leur chault comment, et vivre sans prendre
peine ne labourer en desprisant ceulx qui ont des richesses, les
voulant avoir par force.

Par la troisiesme statue qui a le manteau d'or, devons entendre
les gens qui sont constituez en dignitez et offices, comme les
prelatz et gens de justice qui ont loix à garder, lesquelz doyvent
assembler les vertus et getter les vices dehors. Mais les malfaicteurs
ne veullent croire en leurs dictz et ne peu[v]ent endurer d'estre
reprins ne souffrir discipline. Et qui plus est, s'enorgueillissent
contre leurs prelatz et anciens, les menassant et disant: —Nous
ne voulons point que nul regne par dessus nous. Et mesmement
font derrision et mocquerie d'iceulx, ainsi que les juifz mocquerent
nostre seigneur et ne tenoyent compte de ses preschemens ne
miracles par luy fais ne de ce qu'ilz les reprenoi[en]t en contemnant[26]
la loy, car ilz conspirent sa mort. Telz murmurateurs et conspirateurs
sont pendus au gibet d'enfer où ilz meurent de mort par le
jugement de Dieu comme le mal faicteur larron est condampné pour
son larcin et contemnement de la[27] loy à souffrir mort[28] corporelle.
Estudions doncques à garder la loy, affin que ne soyons pugnis
corporellement en ce monde et eternellement en l'autre: ce que
ferons facillement, se il ne tient à nous.

L'ACTEUR

Il est requis d'avoir juges prudentz
Pour gouverner le peuple sur la terre,
Car la justice en soy nullement ne erre.
Ses termes sont communs et evidentz.

---

[24] A, B-- *en faisons.*
[25] A-- *ferons.*
[26] A-- *rompant.*
[27] A, B-- *la* lacks.
[28] A-- *la mort.*

Mais justiciers ès villes residens
Recoyvent dons des povres maintesfois
Comme motifz[29] de plusieurs incidens.
Telz juges sont dissipateurs de loix.
Prince puissant, se aucuns tu en cognois
Dessus la terre, ilz[30] en soyent dehors mis.
Repute-les comme tes ennemis.
En leurs erreurs soustenir ne les doys.

  Se ung justicier veult donner sa sentence
Ou son arrest, jamais seul ne doit estre.
Avec luy doit vis à vis apparestre
Pour luy donner conseil Dame Prudence.
Mais l'arrest dit qu'il fera diligence
L'executer. Requis est le scavoir.
Faire se doit tousjours par attrempance,
Et avec soy discretion[31] avoir.
Et pour encor mieulx faire son devoir,
Si le faulteur vouloit estre rebelle,
Force convient mener avecques elle.
Par ainsi nul ne la peult decevoir.

  Las, nous voyons des jugemens getter,
Sans que Prudence y tienne son hault train,
Aux justiciers souvent tendre la main.
Pour biens mondains assembler, acquester,
Doyvent-ilz point l'yre de Dieu doubter,
A vostre advis, et son grant jugement?
Ilz veulent dire: —On nous vient apporter
Sans demander plusieurs biens. Seurement
Ne jugent plus les proces autrement.
Ce nonobstant, que pour telz cas ont[32] gages,
Ceulx qui pour dons commettent tant d'oultrages
Seront pugnis irremissiblement.

---

[29] Causes or factors determining, favorably, the litigation.
[30] Eilipsis: *qu'ils.*
[31] A-- *Dame Prudence.*
[32] A. B-- *aient.*

Se aucuns marchans ont des biens amassez
Honnestement, en acquerant richesse,
Plusieurs larrons leur font larcin, oppresse,
Affin qu'ilz soyent en honneur surhaulcez.   40
Pour amasser des biens se sont lassez,
Et ilz leur sont ravis, ostez, tollus,
Pirs qu'en forestz pillez et destroussez
Par gens pervers, à tout mal resolus.
Telz rapineurs mal regis, dissolus,
Seront pugnis en souffrant mort cruelle
(N'en doubtez point) plus criminelle et felle
Que ne fut onc l'inhumain Tantallus.[33]

Si gens lettrez reprennent malfaicteurs,
Ilz sont despitz. Les repreneurs menacent,   50
Et leurs commis les biens d'autruy amassent.
Peu estimez sont par eulx leurs recteurs.[34]
Compte ne font d'ouyr predicateurs.
Sur tous mondains veullent avoir le prix.
Conclusion: telz pillars et rapteurs
N'endurent point des bons estre repris.
A faire mal sont si tresbien apris
Qu'il ne leur chault dont les biens mondains viennent,
Mais qu'en leurs mains les happent et les tiennent.
En la parfin des dyables sont surpris.   60

---

[33] Gringore applies the myth of Tantallus to thieves in its conventional meaning: the harsh punishment of excessive or immoral ambition.

[34] The terms *gens lettrez* and *recteurs* have here an ecclesiastical sense. The Breton use of *recteur* to designate a village curate adds a hint in favor of the Norman origins of Gringore's family. See Oulmont, op. cit., pp. 3-7.

V

DE MALICE QUI RETOURNE A BENIGNITÉ ET AMOUR

Comme enfans sont ingratz envers leurs peres
En eulx voulant souvent esvertuer[1]
De les navrer, occir, meurtrir, tuer,
Mais beau parler oste telz vituperes.

Princes, seigneurs, qui des enfans avez,
Corrigez-les en leur tendre jeunesse.
N'attendez pas qu'ilz se soyent eslevez,
Fiers et pompeux, ou vous serez grevez
Par leur meffaict durant vostre viellesse.
Avoir enfans, c'est tresbelle richesse, 10
S'ilz ont vertu. Mais on peult bien entendre
Que des mauvais le pere en a destresse,
Quant sont despitz aucun chastiement[2] prendre.
On doit ployer l'osier quant il est tendre.

Le plus souvent, par faulte de doctrine,
Les enfans sont à leurs peres rebelles,
Car en leur cueur ung orgueil s'enracine,[3]
Pource qu'ilz n'ont point eu de discipline,
Qui cause en fin maintes erreurs cruelles;
Parquoy enfans prennent guerres mortelles 20
Et sont tous prestz[4] leurs peres assaillir

---

[1] A-- *aventurer.*
[2] A-- *hastivement.*
[3] A, B--*Car ung orgueil en leur cueur s'enracine.*
[4] A--*prestz de.*

Et mettre à mort par subtilles cautelles
Pour leur povoir et[5] puissance abolir.
Mais en la fin bon sang ne peut mentir.[6]

   Aucuns enfans font à leurs peres[7] oultrage
En les guettant pour les livrer à mort
Affin d'avoir leur bien et heritage.
Bien tard leur est qu'ilz soyent mors ou hors d'aage.
De leur malfaict ilz n'ont aucun remort.
L'enfant se voit hardy, puissant et fort.   30
Au meme lieu de son pere veult estre.
A tout le moins, il en fait son effort,[8]
Comme pourrez en ce livre congnoistre.
Maintz serviteurs ont envie sur leur maistre.

EXEMPLE DE MALICE QUI RETOURNE A BENIGNITÉ[9]

   Il fut ung prince[10] prudent et sage qui fut conjoinct par mariage à la fille d'ung roy,[11] lesquelz se aymerent d'une amour loyalle, naturelle et maritalle, observans et gardans la loy. De eulx proceda ung tresbeau filz, de la nativité duquel furent resjouys, et aussi tout[12] le peuple du pays. L'enfant devint grant; et quant il eut environ l'aage de vingt et quatre ans, il luy print ung appetit et plaisir desordonné de vouloir tuer son pere. Et pour ce faire se efforca plusieurs fois tant en lieu secret que publicque. Ce voyant son pere fut fort esmerveillé. Mais comme sage et prudent le tint secret

---

[5] A, B-- *ou*.
[6] A-- *bon sens ne peut faillir*.
[7] Elision of unstressed syllable in *peres*.
[8] A-- *Ilz en font leur effort*.
[9] Oesterley, IX "De naturali malitia per mansuetudinem superanda." pp. 284-7; Swan-Hooper, IX, "How a son of a certain emperor wished to slay him, but was dissuaded from his purpose," pp. 18-9.
[10] Alexander.
[11] Daughter of the king of Syria.
[12] A, B-- *fut tout*.

WOODCUT 7

en son cueur.[13] Toutesfois, il se tenoit tousjours sur ses gardes. Advint ung jour qu'il devisoit avec sa femme, pensant à la rigueur que son filz luy vouloit faire, dist[14] telles paroles :

—Mon reconfort, ma chiere amye, ma femme.
Mon bien, mon port, mon espoir, mon soulas,
C'est toy qui peulx remettre en paix mon ame,
Gardant mon cueur de deshonneur infame,
Qui tresfoible est, dolent, triste, mat, las.
Incessamment je doys crier 'helas.'
Ainsi que suis ne prens repos ne somme.
Si mon espoir ou[15] demande tu l'as.
Grant charge porte et trespesante somme.
La femme doit estre confort de l'homme.   10

—J'ay grant desir scavoir la verité
Et ne la puis cognoistre que par toy.
Ne me mentz point. Tu feras charité
Se quelque mal[16] j'ay fait ou merité
Vers ton doulx cueur, qu'il ait pitié de moy.
Prince puissant et magnanime roy,
Reclamé suis. Nul n'y doit contredire.
Entre nous deux promise avons la foy.
Si te supplie ung cas au vray me dire.
Femme ne doit son mary contredire.[17]   20

—N'ayes point paour.[18] Licence je te donne
De dire tout. Parle à moy privement,
Car si tu as failly, je te pardonne.
Celer le vueil, sans le dire à personne.
Je te prometz dessus mon dampnement.
Declaire tost, et me dis franchement

---

[13] A-- *Comme saige et prudent fist semblant de n'en congnoistre rien.*
[14] A-- *luy dist.*
[15] A, B-- *on.*
[16] A, B-- *bien.*
[17] A, B-- *escondire.*
[18] A, B *de paour.*

Si ton seul filz as conceu de mon germe.
Se estoye certain qu'il en fust autrement,
Il y fauldroit pourveoir et en brief terme.
A priser est qui verité afferme. 30

—Je ne te viens ce demander sans cause,
Car ton filz veult me occire tous les jours.
Ne me mentz point. Dy-moy, à peu de pause,
Le vray du cas, sans faire longue clause.
Par ce moyen tu me feras secours.
Je dois avoir vers toy mon seul recours.
Si tu me mentz, tu vas contre raison.
Penses-y bien, et me dis en motz courtz :
As-tu forfait? Ne tiens point long blason.
Si juste n'est qui n'ait fait mesprison. 40

L'ACTEUR

La dame sage et bien advisee, oyant ainsi parler son mary et seigneur, mua couleur. Et si elle fut bien[19] esbahie de la demande qu'il lui faisoit touchant son honneur, encore fut elle plus esmerveillee et craintive de ce que son filz se mettoit en aguet jour et nuict pour tuer son mary qu'elle aimoit sur toutes choses. Toutesfois, elle fist telle responce :

—Mon chier seigneur et mary tresaimé,
Selon raison te doys obedience.
Sur tous humains[20] es vertueux clamé.
Mais nullement je ne t'ay diffamé.
Craindre te vueil à toute diligence.
Brief, je n'ay point chargee ma conscience
Ne foy faulcee. Je le prens sur la mort
Que n'ay commis aucune violence.

---

[19] A, B-- *bien* lacks.
[20] A-- *mondains*.

Soyez[21] tout certain que oncques ne te fis tort.
Tout peché est infame, vil et ort.   10

— Dieu appeller vueil à tesmoing du fait[22]
Que oncques ne fus maculee ne pollue.
Sur mon honneur jamais ne fis forfait.
Memoire n'est qu'on me ait veue dissolue.
On ne m'a point prinse, ravie, tollue.
Et n'eus jamais de mal faire courage,
Car à t'aymer je suis si resolue
Que autre sur moy n'aura quelque advantage.
Onc bien ne vint[23] de rompre mariage.

— C'est ton vray filz naturel; n'en fais doubte.   20
Je ne scay pas pourquoy ta mort pourchasse.
Tresvoulentiers mettray puissance toute
A l'en garder, quelque chose qu'il couste.
Penser ne puis pourquoy il te menace.
Avoir n'en vueil de toy la malle grace.
Mon chier seigneur, certes, je te prometz
Que ne t'ay fait injure ne fallace,
Et n'ay espoir de t'en faire jamais.
Tel bien souvent l'achete qui[24] n'en peult mes.

L'ACTEUR

L'imperateur fut content des excusations de sa femme, car aussi elle estoit loyalle et ne lui avoit fait aucun tort. Si delibera de se humilier envers son filz et se vint presenter devant lui avecques une amour paternelle et benigne, parlant de[25] ceste maniere:

— O mon chier filz et amy tresparfait,
Que ay tant aymé affectueusement,

---

[21] Read: *Sois.*
[22] Irregular strophe: aba[a]bbcbcc.
[23] A-- *Tous maulx viennent.*
[24] A, B-- *et.* The reading in D forms an epic cesura, exceptionally, after the sixth syllable.
[25] A, B-- *en.*

Tu dois penser que tu es formé, fait
De ma substance.[26] Et par moy, en effect,
Tu peulx regner. Ne le crois autrement.
Mon amour as si tresparfaictement,
Que je te vueil garder de vitupere.
Mon royaulme est à toy totallement
Apres ma mort. Que orgueil ne te supere.
Filz est pervers qui veult tuer son pere. 10

—Je t'ay conduict en plaisir et delices,
Et tous mes biens sont à toy. Si te prie
Que chasses hors iniquitez, malices
De ton fier cueur. Trop commetrois de vices,
Mettant à mort ma noble seigneurie.
Devers toy viens, humblement te supplie
Que prennes garde au mal que veulx commettre.
Ton pere suis, et vers toy me humilie.
Ce ne devrois endurer ne permettre.
L'enfant ne doit de son pere estre maistre. 20

—Mais que peulx-tu à ma mort prouffiter?
Tu fais ainsi comme se mort estoye.
Se me obeys, honneur peulx conquester
Et bon renom; de ce ne fault doubter.
A[27] ton regard prens singuliere joye.
Appetes-tu que de biens te pourvoye?
Je ne scay pas. Tu as ce qu'il te fault.
Si te requiers qu'en maison, champs ne voye,
Je n'aye de toy plus guerre ne assault.
C'est grant erreur quant sens naturel fault. 30

L'ACTEUR

Le filz de l'empereur par maniere d'acquit escouta les remonstrances de son pere, mais il ne laissa point à continuer son malice

---

[26] Lyric cesura.
[27] A, B-- *Que a.*

jour et nuict, ce que congneut de rechief son pere. Si se pensa de trouver facon et maniere de l'oster de ceste erreur en lui priant qu'il lui fist compaignie pour aller à ung bois chasser quelque beste, deffandant à tous ses subjectz, mesmes aux serviteurs de son filz, que quant ilz les verroient approcher de quelque fort ou gros buisson qu'ilz se absentassent d'eulx; ce qui fut fait. Quant ilz furent au buisson seulletz, le pere regarda son filz de piteux regard. Et puis[28] tira ung glaive qu'il presenta à son filz, et[29] se mist à genoulx, la teste nue, en disant:

—Puis que tu veulx à ma mort tant tascher,[30]
Presupposant qu'el te soit necessaire,
Ce glaive prens. D'autre n'en fault chercher.
Facillement le cueur m'en peulx toucher.[31]
Soyez[32] tout certain que n'iray au contraire,
Car plus d'honneur auras de me deffaire,
En lieu secret que devant tout le monde.
De moy tu peulx tout à ton plaisir faire.
A toy me rendz. Regarde ma faconde.
Bon est le cueur où charité habonde.   10

—Je suis tout prest d'endurer ton plaisir,
Me submettant à ta misericorde.
Et si tu veulx accomplir ton desir,
Il ne te fault que ce glaive saisir
Pour me tuer. Point n'y metz de discorde.
Fais ton vouloir, mon filz. Je m'y accorde.
Mettre n'y vueil aucune resistence.
Mais mon chier filz, je te prie,[33] recorde
Dedens ton cueur que c'est de faire offence.
Celui est fol qui fait tout ce qu'il pense.   20

---

[28] A, B-- *incontinent.*
[29] A, B-- *et puis.*
[30] A, *mort pourchasser.*
[31] A, *perser.*
[32] Read: *sois,* et passim.
[33] A, B-- *supplye.* The mute e in D is counted as a separate syllable.

—Approché suis d'une amour cordialle
De ce desert pour garder ton honneur.
Ce te seroit villennie et scandalle
De me tuer en ma salle royalle
Publiquement, veu que suis ton seigneur.
Penser y dois. Tu me vois d'humble cueur
Devant tes yeulx prest de mort recevoir.
Secrettement peulx faire ton erreur,
Sans que nul homme[34] s'en puisse apperceveoir.
Mais Dieu scait tout. Tu dois cela scavoir. 30

L'ACTEUR

Quant le filz vit son pere à genoulx et se humilier si humainement devant lui, et mesmes qu'il lui presenta le glaive, fut tout honteux et changea son appetit desordonnée en filiale amour, ostant toute fureur de soy. Prenant le glaive et le remist au fourreau.[35] Se inclina envers son pere, le relevant humblement. Puis se prosterna à genoulx devant lui en disant:

—Helas, helas, mon bon seigneur et pere.
Forfait me suis contre toy. J'ay commis
Peché cruel. J'eusse fait vitupere
Te mettre à mort pour mon grant improperé,
Amerement de cueur ploure et gemis,
Te suppliant qu'il soit par toy permis
Me pardonner. Payer ne puis l'amende
Ne le forfait que ay fait quant me suis mis
A te offencer. Ta grace je demande.
Plus que le mal misericorde est grande. 10

—Je congnois bien que je ne suis pas digne
D'estre dit filz pour mes cruelz meffaictz,
Mais chassé hors ou getté en ruine.
Et toutesfois à ta bonté benigne

---

[34] A, B-- *homme nul*. Epic cesura in D.
[35] A, B-- *glavie, le remist en son fourreau.*

Je me submetz, chargé d'ung pesant faix.
A mes desirs, qui sont si tresinfectz,
Garde ne prens, mon treschier pere, helas,
Mais mon esprit par ta pitié refais.
De pardonner jamais tu ne fus las.
Apres grant dueil peult venir grant soulas. 20

—Brief, s'il te plaist doresnavant me aimer,
Tout ton plaisir sans faulte accompliray.
Je me repens de cueur contrict, amer,
Sans me vouloir jamais accoustumer
A faire mal. Plus n'y retourneray.
Dès maintenant ton aimé filz seray,
Car en tous lieux tascheray te servir.
Selon ton vueil je te ministreray,
En appetant ta grace desservir.
Sage est qui scait peché de soy ravir. 30

L'ACTEUR

Le pere, oyant l'humilité de son filz et sachant son courage, l'embrassa d'ung vouloir paternel et lui pardonna[36] tout le mal qu'il avoit machiné contre lui[37] en disant telz motz :

—O mon chier filz tresaimé et begnin,
Ne peche plus. Soyes-moy juste et loyal.
Je te congnois mon amy et afin.
Si tu me veulx servir juc à la fin,
Tu me verras courtois et liberal.
Monstre-toy donc filz vertueux, feal.
Si me verras pere tresgracieux,
En te vestant de vestement royal
Tresriche et beau, plaisant et gracieux.[38]
Cueur penitent acquiert place aux sainctz cieulx.

---

[36] A, B-- *pardonna incontinent.*
[37] A, B-- *à l'encontre de luy.*
[38] A, B-- *precieux.*

L'ACTEUR

Incontinent l'empereur print son filz par la main. Puis le mena en son palaix royal et le vestit d'ung vestement precieux; et fist ung grant convy où furent mandez les princes et seigneurs du pays qui y assisterent. Du depuis, le filz du prince se gouverna bien[39] au royaulme jusques à la fin de ses jours.

SENS MORAL A L'HISTOIRE DESSUSDICTE

Par ceste exemple on peult applicquer ce prince et seigneur à nostre saulveur et redempteur Jesuchrist et à l'enfant qui veult persecuter son pere le mauvais chrestien. La mere de l'enfant on peult prendre pour saincte Eglise, car tous chrestiens sont legitimez en elle par le sacrement de baptesme, duquel avons prins nostre salut. Et sitost que le chrestien peche et va contre le commandement de Jesuchrist, son pere, il pourchasse et demande sa mort. Mais Jesuchrist, tout bon et misericordieux, le meine au desert de ce monde où il ne s'est pas seullement offert à mourir, mais il y est mort pour nos pechez et iniquitez. Doncques, pour l'amour de lui et le salut de nostre ame nous devons resister à peché et le servir loyallement. Le pere baille le glaive à son filz affin qu'il le tue. Dieu nous baille ung glaive, c'est assavoir, liberal arbitre de faire bien ou mal. Et pour ce, si sommes[40] sages, nous ferons ainsi que le filz du prince. Nous crierons mercy à Jesuchrist, c'est nostre pere createur, lequel avons offencé. Et sans doubte, il nous pardonnera et aura mercy[41] de nous, comme le pere de famille receut benignement son filz[42] qui estoit allé en region loingtaine où avoit[43] despendu le sien prodigallement avec femmes luxurieuses, jeux de hazart, en lieux dissolus; dont vint en si grant necessité qu'il garda[44] les pourceaulx et men-

---

[39] A, B-- *humainement.*
[40] A, B-- *nous sommes.*
[41] A, B-- *il nous recevra à mercy et aura misericorde.*
[42] The prodigal son: Luke XV, 11-32.
[43] A, B-- *il avoit.*
[44] A, B-- *qu'il se loua à garder.*

geoit viande pareille comme[45] eulx. Toutesfois, considerant que chez son pere[46] avoit tant de biens et de richesses, se retira humblement vers[47] lui en[48] lui demandant pardon de son offence; ce que son pere lui accorda benignement et fist tuer ung veau gras pour festoyer son filz et ceulx qui le venoient visiter.[49] Ce pere de famille, c'est Dieu qui recoit le pecheur à merci toutes les fois qu'il lui demande pardon de ses pechez, pourveu qu'il s'en repente. Parquoy, quant nous sommes vrais confes et repentans de nos pechez, Jesuchrist, plain de grace, nous donne misericorde, par laquelle povons obtenir sa gloire eternelle et parvenir au royaulme celestiel.

L'ACTEUR

Ad temps present regnent enfans divers
Qui vouluntiers pere et mere tueroyent.
Pour faire bien n'ont les engins ouvers.
Dedens les cueurs ont folz pensers couvers.
Qui les croiroit, jamais bien ne feroyent.
Le patrimoine et revenu auroient,
Que peres ont tresprudamment gardez
Pour leur plaisir. En brief temps le joueroyent[50]
A jeux de sort comme aux cartes, aux dez.
Gens trop hastifz sont souvent eschauldez.

10

Jeunes enfans s'efforcent de conquerre
En peu de temps honneur, louenge et gloire
Et avoir bruit triumphant par la terre,
Sans eulx monstrer vertueux en la guerre.
Tant seullement des dames ont victoire,
Car ilz ne font pour oeuvre meritoire
Fors que parler de toute vanité,
Sans appeter d'avoir bras laudatoire,

---

[45] A, B-- *à.*
[46] A, B-- *en la maison de son pere y avoit.*
[47] A, B-- *devers* (syn.).
[48] A, B-- *en* lacks.
[49] B-- *visiter* tou[s].
[50] Here, two syllables.

Ravissant biens de la communité.
Guerre de culz est en ville et cité. 20

   A telz mignons on baille mondains biens.
Ignorans sont comme on les a acquis.
Et de trouver de vivre les moyens
Peu leur en chault, mais que ayent oiseaulx et chiens.
De relater leurs beaulx faictz n'est requis.
Qui auroit bien par tout cherché et quis,
On trouveroit sans faulte que richesse[s]
Au temps present font[51] les hommes exquis,
En leur donnant le renom de noblesse.
Il est gentil qui fait la gentillesse. 30

   Je ne dis pas que les princes mondains
Ne soyent regentz sur le peuple menu.
Mais si fault-il qu'ilz se monstrent humains
Sans desrober et prendre à toutes mains
Plus quatre fois qu'ilz n'ont de revenu.
Se peuple n'est ung petit soustenu
De son seigneur, la chose est veritable
Que en peu de temps de tous sera congneu
Povre, chetif, langoureux, miserable.
C'est grant vertu que d'estre charitable. 40

   Jeunes enfans,[52] aimez les vielles gens
En escoutant de bon cueur leur doctrine,
Car de jeunesse ilz sont les vrays regentz,
Ainsi que vous ont esté joyeulx, gentz,
Et de noblesse ont plantee la racine.
Est pas pervers ung enfant qui machine
De mettre à mort son pere naturel,
Qui l'ayme tant et d'amour si benigne
Que pourveu est en son royal hostel?
On doit penser que tout homme est mortel. 50

* * *

---

[51] A, B-- *fait.*
[52] A-- *seigneurs.*

VI

DE FEMMES MARIEES LUXURIEUSES

L'ACTEUR

Que dirons nous des femmes d'aujourdhuy
Qui aux marys font infinies finesses?
Contentes sont de prester leur estuy.
On m'entend bien. Ilz rompent leurs promesses.
Doyvent-ilz pas estre appellees traistresses
Vendant leur chair? C'est grande vilité.
Notez qu'elles sont plus griefves pecheresses
Que ceulx qu'on voit en plain bordeau sans cesses
Prenant plaisir à leur fragilité.

Quant la femme est d'autre que son mary
Grosse ou enceinte, el commet maint oultrage.
Bien doit avoir le cueur triste et marry,
Getter souspirs et regretz, s'el est sage,
Car si l'enfant jouyst de l'heritage
De son espoux, qui cuyde son filz estre,
Sainct Augustin dit à peu de langage
Qu'il est dampné. Pense donc au dommage
Que tu commetz. Tu le devroys congnoistre.

Si ton enfant est dampné pour ce cas,
Tu doys scavoir que n'en auras pas moins,
Mais descendras en enfer au plus bas
Par tes desirs charnelz et inhumains.
Dy à tont filz: —Ne prens les biens mondains

De mon espoux, et tu t'acquiteras.
Puis, s'il les prent et tient entre ses mains,
C'est à son damp. Plus de ce ne te plains.
Totallement deschargee en seras.

   Femmes voyons qui pour se resjouyr
Et accomplir leur folle voulenté
Prennent plaisir de quelque homme jouyr,   30
Posé qu'il soit trespovre et peu renté,
Voire; et si sont de grande parenté
Le plus souvent. Mais je vueil bien qu'on sache
Qu'elz aiment trop vanité, volupté.
Et qui en dit la pure verité:
Villaines sont et ont cueur[1] bien lasche.

   Si vous avez esté gastees, pollues,
Repentez-vous. Cryez à Dieu mercy.
Et ne soyez desormais dissolues.
Femme sage est qui se gouverne ainsi.   40
Dieu est tout prest vous pardonner aussi.
Il ne vous fault que demander sa grace.
Cela vous doit oster hors de soucy,
En esperant de le veoir face à face.

EXEMPLE COMME LE TEMPS PASSÉ ON PUGNISSOIT LES FEMMES QUI ROMPOYENT LEUR MARIAGE[2]

   Ung gouverneur d'ung pays eut fantasie ordonner que si une femme mariee estoit trouvee en adultere, que sans misericorde elle fust gettee du coupeau d'une montaigne jusques au val et profond d'icelle. Le cas advint que une femme fut trouvee en adultere et

---

[1] A, B-- le cueur. The absence of the article in D suggests a floating diaeretic pronunciation.

[2] Oesterley, III, "Justum judicium," pp. 276-7; Swan-Hooper, III, "How that the law punishes not twice for the same offence," pp. 6-7.

WOODCUT 8

amenee devant le gouverneur, qui en observant la loy la condampna à telle sentence. L'executeur de justice fist son execution ; ce que la povre pecheresse endura benignement.

Or, advint que par grace de Dieu ou autrement, en trebuchant ne receut point mort. L'executeur ce voyant la voulut reprendre et getter[3] de rechief du hault de la roche, à quoy elle se opposa. Parquoy fut ramenee devant le gouverneur et luy dist : —Sire, je congnois que j'ay peché et me repens de l'offence que j'ay commise en contemnant[4] ta loy. J'ay patiemment portee la peine en quoy tu m'as condamnee. Ta sentence a esté executee sur moy, mais les ministres et executeurs de ta justice me veullent de rechief precipiter et getter du hault de la roche, qui est contre ta loy, car elle ne dit pas que on doyve estre pugny par deux fois pour ung delict. Je confesse et l'ay confessé que j'estoye adultere, mais j'ay esté miraculeusement saulvee. Si s'ensuit bien que ne doys de rechief estre pugnie.

Le juge oyant sa responce et ferme foy la delivra et luy donna sa grace.

SENS MORAL TOUCHANT L'HISTOIRE DEVANDICTE

On pourroit entendre et fantasier que ce gouverneur doit[5] estre prins pour Jesus qui a ordonné telle loy que s'il y a quelcun qui ait esté pollu en son ame par peché mortel, il doit estre getté du hault d'une montaigne jusques au fons d'icelle, c'est à dire, getté et expulsé du regne celestiel comme fut Adam quant fut getté hors de paradis terrestre. Mais Jesuchrist par sa benoiste passion l'a saulvé. Quant l'homme peche, Dieu permect souvent qu'il en soit pugni par justice, affin qu'il s'amende, et ne veult pas qu'il meure incontinent. C'est à dire, il ne le dampne pas, car il est plain de infinie misericorde. Et si le pecheur se repent, il est sauvé par le moyen de sa grace qui le garde d'estre pugny eternellement. Ainsi, nous devons endurer les adversitez de ce monde patiemment, priant à Dieu qu'il ait misericorde et mercy de nous.

---

[3] A, B-- *la regecter.*
[4] A, B-- *offencant.*
[5] A, B-- *pourroit.*

Femmes qui ont rompu leurs mariages
Font deshonneur à parens et amis.
Ne doubtez point qu'il n'y en ait de sages
Qui leur plaisir à vertu ayent submis.
Celles qui ont cest ort vice commis,
Il est requis qu'ilz laissent leur follie,
Car s'ilz le font maulgré leurs ennemis,
Auront pardon. Dieu l'a ainsi permis.
Sage est le cueur qui à Dieu se humilie.

    C'est beau tresor que d'une sage femme   10
Qui est plaisante, humble, gaye et joyeuse,
Le mary est en repos de son ame;
Lasche seroit faire une autre amoureuse.
Si sa femme est despite ou rigoureuse,
Voulant porter trop riche estat mondain,
Ilz meneront une vie malheureuse.
Par le moyen de sa femme orgueilleuse
Leurs biens seront degastez tout soubdain.

    Femmes y a qui de pecher n'ont honte.
Devant chascun ilz corrompent la loy.   20
Se on les reprent, peu en tiennent compte.[6]
Cueurs ont plus durs que acier, fer ne[7] alloy.
Et toutesfois, quant corrompent leur foy
A leurs maris, s'ilz n'en font penitence,
Gettees seront avec tout leur arroy
Du hault du roch par jugement de roy
Dedens le val infernal, sans doubtance.

---

[6] A, B-- *de compte.*
[7] A, B-- *ou.* In D *ne* is not elided.

VII

DE PITIÉ ET MISERICORDE

Comme l'on doit des prisonniers avoir
Compassion, pitié, misericorde,
Beaucoup de maulx ont, comme on peult scavoir,
Et grant besoing que d'eulx on se recorde.

Ceulx qui ont mis leur semblable en prison,
Et n'a commis envers eulx mesprison,
Ilz ont grant tort. Chascun le peult entendre.
Le prisonnier pert son temps et saison.
En lieu obscur ne scauroit plaisir prendre.
Si dur cueur n'est qui n'y devienne tendre.   10
Communement on y est mal traicté.
L'amy on voit à la necessité.

Il est des gens qu'on doit selon droicture
Emprisonner, car de propre nature
Ilz font des cas enormes, execrables.
D'eulx amender, c'est bien grande adventure,
Car ilz ne sont d'eulx-mesmes pitoyables.
Telz gens sont dictz bestes irraisonnables.
Craignent[1]-ilz point que ung jour Dieu les pugnisse?
Tant[2] homme humain doit redoubter justice.   20

Pour le plaisir des juges aucuns sont
Mis en prison, quant dessus eulx hayne ont,

---
[1] A, B-- *Pensent.*
[2] A, B-- *Tout.*

Les devallant en quelque fosse basse.
A leur plaisir et voloir ilz en font.
Puis qu'ilz l'ont dit, par la force est qu'on passe.
On voit d'aucuns à qui on donne grace
Par le moyen d'amis ou de pecune.
Aucunesfois dangereuse est la lune.

   Aucuns parens laissent en grans dangiers
Enfants prochains. Là, ou par estrangiers   30
Sont mis dehors, ou s'en mettent en peine,
Posé qu'ilz soyent marchans ou voyagiers.
Hazart les prent, qui en prison les meine
Où sont saisis par quelque capitaine,
Qui les veult mettre à rancon excessive.
Mondaine vie est souvent trop active.

   Dessus la mer plusieurs marchans sont pris
Par faulx tyrans de maint vice repris,
Car escumeurs ou pirates de mer
Prennent leur bien qui est[3] ung tresgrant pris,   40
Tant qu'on ne scait le vray en estimer.
Les parens sont, se me semble, à blasmer,
Qui si long temps les laissent là transmis.
Plus de parens est souvent que d'amys.

Exemple de Pitié et Misericorde[4]

   Il fut ung riche marchant qui avoit ung filz prudent, sage et de bon gouvernement. Son pere eut voulenté et fantasie de l'envoyer sur mer en marchandise. Le cas advint que il fut prins des larrons,

---

[3] A, B-- *vault*.

[4] Oesterley, V, "De sectanda fidelitate," pp. 278-9; Swan-Hooper, V, "How a youth, taken by pirates, was left in prison by his father, but released by his captor's daughter," pp. 8-11. Gringore's wealthy merchant is described in the *Gesta* as a king.

WOODCUT 9

pirates et[5] escumeurs de mer. Le prince ou[6] capitaine d'iceulx le fist mettre prisonnier dedens son chasteau et le condampna à payer tresgrande rancon devant que partir du lieu, nonobstant que ledit capitaine fust trespuissant et riche homme. Le prisonnier, sachant le nombre de sa rancon, envoya lettres à son pere que il lui pleust le delivrer et payer sa rancon; ce qu'il ne voulut faire. Mais en fist refus, dont s'esbahist grandement, et en fut trescourroucé et marry tellement qu'il lui en print une maladie contagieuse tant qu'il en devint fort[7] las et debilité.

Or, fault-il noter que le prince et capitaine qui le tenoit en ses prisons avoit une tresbelle fille tant doulce et gracieuse que tout homme qui la regardoit estoit hors de toute tristesse, laquelle avoit tousjours esté nourrye en la maison de son pere. Elle visitoit souvent le prisonnier en lui donnant mainte consolation. Mais il estoit tant triste et dolent en cueur qu'il ne se povoit resjouyr. Il advint ung jour, comme la pucelle visitoit icelui enfant en le reconfortant de sa parolle au mieulx que possible lui estoit, il parla à elle en cest maniere:

—Le doux regard de ton oeil precieux,
Sans que aye[8] penser mauvais ne vicieux,
Me resjouyt dedens ceste prison;
Et n'ay aucun plaisir delicieux
Fors de te veoir dedens ces obscurs lieux[9]
Où j'ay esté tenu longue saison.
Tu m'entendz bien; point ne fault long blazon.
Par toy je puis avoir ma delivrance.
Celui est fol qui vit sans esperance.

---

[5] A, B-- *ou*.
[6] A, B-- *et*.
[7] A, B-- *fort* lacks.
[8] The group *que aye* is treated here as a monosyllable. See G. Lote, *Hist du vers fr.*, III, "L'E muet," esp. p. 104.
[9] Note licence with preceding rhyme words. See Lote, *op. cit.*, III, 298-9, 302.

L'ACTEUR

La fille regarda piteusement et de franc courage entremeslé de vraye et honneste amour le povre prisonnier, et ne fut pas si ingrate qu'elle ne fist responce à sa demande qui fut telle:

—Possible n'est te mettre hors d'icy.
Tu es captif de mon pere. Cecy
Tu dois noter.[10] Entendz bien la maniere.
Tes parens te ont laissé en ce lieu-cy.
Bien peu leur chault, se fais piteuse chiere.
Congnois-tu pas que je suis estrangiere
De tes parens? Me requiers-tu tel chose?
L'homme souvent propose, et Dieu dispose.[11]

—Or, scais-tu bien, quant te delivreroye,
Que griefvement mon pere offenceroye,   10
Car il perdroit la rancon que lui doibz.
Il est certain que plaisir te feroye
Tresvoulentiers, ainsi que tu congnois,
Et que tu l'as jà veu par plusieurs fois
En la prison où es mis en servage.
Plaisir n'est bon qui redonde à dommage.

—Ce nonobstant, je te delivreray
De ces prisons, et franc t'en envoyray,
Si tu me veulx une chose promettre.
Soyes tout certain que plaisir te feray,   20
En esperant que le vueilles congnoistre.
Ne doubte point que ne te vueille mettre
Hors de ces lieux, quoy qu'il doye advenir.
Ce qu'on promet est requis de tenir.

---

[10] A, B-- *noter bien. Entendz la maniere.*
[11] Lyric cesura after the sixth syllable.

L'ACTEUR

Le prisonnier se resjouyst du parler de la pucelle et luy estoit tard de ouyr la requeste et petition d'icelle; parquoy fist telle responce:

—Fille d'honneur, plaise-toy commander
Tout ton plaisir. Prest suis de l'accorder.
Tant soit-il grant, dangereux et terrible,
Doubte n'en fais. A ce vueil conceder,
Pourveu qu'il soit à moy faire possible,
Car ma douleur congnois inextinguible
Sans ton moyen. Si demande ta grace.
Tout prisonnier sa delivrance trasse.

L'ACTEUR

La fille de rechief regarda en pitié le prisonnier et lui dist liberallement que pour sa delivrance ne lui demandoit aultre chose que en temps oportun et convenable il la print en mariage; ce qu'il promist de ferme pensee. Et incontinent la pucelle, doubtant les reproches et blasmes que son pere luy pourroit dire à cause de la delivrance, se partit avec son accordé.

Et tant firent par leurs journees qu'ilz arriverent en la maison du pere du prisonnier, qui n'avoit voulu entendre à la delivrance de son filz, lequel monstra semblant qu'il estoit tres joyeulx de la delivrance de son filz, aussi de sa venue. Mais il voulut scavoir qui estoit la pucelle. Son filz luy racompta comme elle l'avoit delivré de la prison et que c'estoit la fille du roy à qui il avoit promis mariage; desquelles choses le pere fut tresmal content et lui deffendit sur peine de perdre son heritage qu'il ne la print à espouse.

A quoy son filz lui fist reverente responce en lui disant qu'il estoit plus tenu à elle que à lui. Et quant il estoit prisonnier ès mains de ses adversaires, quelque escript, supplication ou requeste qu'il luy eust envoyee, il n'en tenoit compte et l'avoit laissé ainsi comme habandonné et mis en nonchaloir, et que la pucelle l'avoit delivré non seullement de la prison, mais du peril et dangier de mort; parquoy estoit deliberé lui tenir promesse.

Le pere lui[12] fist responce qu'il ne se devoit point fier en elle, pource qu'elle avoit deceu et trompé[13] son pere quant, sans son sceu, elle l'avoit delivré, le frustrant de la pecune que il eust receue pour sa rancon, ou autrement l'avoit fait pour accomplir plus à son aise le peché de luxure, lui deffendant, de rechief, de la prendre par mariage.

La pucelle, sur ces altercations, parla vertueusement et dist: —Tu dis que j'ay deceu mon pere, et je dis que non, car celuy est deceu qui est diminué de son bien, mais mon pere est tant riche qu'il n'a besoing des biens d'autruy. Et se mon pere eust prins rancon de ton filz, il n'en eust pas esté plus riche, et toy et luy fussiez devenus povres pour sa redemption; parquoy en ce faisant ne pense avoir forfaict. A ce que tu dis que pour mon plaisir charnel j'ay vacqué à sa delivrance, je puis responder au contraire. Car appetit charnel vient pour la beaulté, force, richesse ou beau langage de la personne, et ton filz n'avoit dedens la prison beaulté, richesse, force ne beau parler. Car par[14] la detencion de prison il estoit pasle, maigre, mal vestu et accoustré. Au regard de richesse, il n'en avoit point. Quant à l'honneur, quelle magnificence povoit-il tenir ne me faire quelque plaisir quant il estoit captif? Assez y avoit en la court de mon pere de princes et seigneurs qui ne demandoyent que à me faire plaisir et service pour deviser avecques moy. El leur sembloit qu'ilz eussent esté bien heureux d'avoir seullement ung doulx regard. Quant de sa force, il l'avoit perdue par l'humidité de la prison et froidures qu'il y avoit endurees. Ainsi s'en suit que je l'ay delivré par pitié et charité, et non autrement.

Le pere ouyt le parler raisonnable de la pucelle, dont fut trescontent, et ne voulut plus imposer blasme à son filz ne à elle aussi; parquoy furent espousez honorablement et regnerent en vraye amour maritalle en[15] leur vie.

---

[12] A, B-- *lui lacks.*
[13] A, B-- *trompé et deceu.*
[14] A, B-- *pour.*
[15] A, B-- *durant.*

EXPOSITION ET SENS MORAL A LADICTE HYSTOIRE

Ce filz prins des pirates, larrons ou escumeurs de mer peult estre entendu pour tout le genre humain, prins par le peché du premier homme, nostre pere Adam, et mis en la prison et chartre du dyable, c'est à dire,[16] en sa puissance. Le pere qui n'a voulu racheter son enfant nous peult signifier ce monde-cy, qui ne veult aider à l'homme pour le tirer de prison, c'est assavoir, des lyens du dyable, mais plus tost lui tenir. La fille qui l'a visité en prison peult signifier la benignité de nostre saulveur et redempteur Jesuchrist, meu de pitié et descendu des cieulx à nous en prenant nostre chair humaine, et ne nous demande[17] que nostre amour pour sallaire. Le pere de la fille peult estre figuré le pere celeste qui n'a besoing de nos richesses, car sur toutes choses il est riche et bon. Le monde desprise la benignité de Jesus, et toutesfois, le filz voyant que son pere l'a laissé en dangier, c'est à entendre, le monde qui abuse les mondains, il a cogneu que il n'est permanable, et n'y a point de fiancé; parquoy l'a abandonné et a prins la fille en mariage. C'est la benignité de Jesuchrist qui l'a delivré de prison infernalle; parquoy fault conclure que en ce monde n'y a fiancé fors en Dieu.

---

[16] A, B-- *c'est assavoir.*
[17] A, B-- *demanda.*

VIII

DE REFORMATION DE PAIX ET DE LA VENGEANCE DE CEULX QUI LA ROMPENT

BALLADE[1]

Veue avons paix par plusieurs fois florir,
Et puis apres venir une bruyne
Du mauvais air par sus[2] elle courir,
La trebuschant quasi comme en ruyne.
Le plus souvent par la grace divine,
Nous la voyons en France florissante,
Clarté gettant radiante, luysante.
Puis quelcun vient qui casse et rompt les loix.
Par ainsi est frustree, desracinee.
Si povons-nous bien dire toutesfois   10
Que par vouloir liberal et courtois
Pour aucun temps la paix nous est donnee.

Au beau verger de France veult meurir
Flandres,[3] aussi par la voulenté trine.

---

[1] An example of the so-called *ballade commune:* three twelve line strophes, isometrical, decasyllabic refrain with feminine ending (ababbccdcddE). The same twelve line strophe occasionally reappears in the early sixteenth century, for example, Marot. The six lin*e Envoi* is, of course, optional. The *Ballade* is not included in the 1538 edition.

[2] A, B-- *sur* (syn.).

[3] Flanders, including l'Artois, or what are today the Nord and Pas de Calais, was reconquered by Louis XI in 1493. After the battle of Guinegatte, 22 August 1513, Louis XII, lost the area to the English and Imperial troops (see introd.).

Laquelle paix devons priser, cherir,
Car on ne peult sans travail conquerir
Tel triumphal precieux tresor digne.
C'est la vraye fleur qui la terre illumine.
De son odeur à tous fruictz est duysante,
Pour substanter les princes suffisante   20
Et les tenir en sumptueux arroys.
Par aucuns jours el a esté regnee
Pour en jouyr à nostre vueil et choys.
Brief, par l'Oyse[4] aujourdhuy je congnois
Pour aucun temps la paix nous est donnee.

Quant au regard[5] guerre faire[6] mourir,
Impossible est. Tousjours quelcun mutine.
On la peult bien laisser à langourir,
Sans lui vouloir aider ou secourir;
Mais cueur felon se despite et obstine,   30
La ravissant,[7] posé qu'el ne chemine
En ville ou champs. En lieu secret la plante,
Où prent repos, couverte au feu, la plante,
En esperant que usera de ses droitz,
Comme despite en cueur desordonnee,

---

[4] Allusion to the treaty of Noyon, 13 August 1516. It is unlikely that Gringore was in Noyon at the moment of the negotiations. Also, the treaty was not ratified by Francis I, at Amboise, until 29 September 1516 (See *Cat. des actes de Fr. I*[er], I, 85, n. 503). A more likely explanation of the moment when Gringore first learned of the Noyon treaty, and also a clue to the time of composition of this passage in the *Fantasies* is the date of the first official announcement of the treaty in Paris, shortly after 20-22 December 1516:

> "Lettres notifiant aux maires, échevins et habitants de Paris (also Poitiers, Nantes & Rheims) que (leur ville) figure parmi les douzes villes qui doivent garantir le traité de Noyon, ...et les invitant à donner lettres de caution pour ce requises."
>
> *Cat. des actes de Fr. I*[er], I, 97-8, nos. 571-3, 575.

[5] Ellipsis: *au regard de.*
[6] A, B-- *faire guerre.*
[7] A-- *nourrissant.*

Cuidant tenir princes dens[8] ses charroys.
Mais par Pape,[9] Empereur, nobles Roys
Pour aucun temps la paix nous est donnee.

Prince, se avez quelque noise irritante,
Invocquer fault l'Eglise militante, 40
Et de justice ouyr la sage voix.
Ainsi accord gaignera la journee,
Et sera dit en champs, villes et boys:
Pour aucun temps la paix nous est donnee.

EXEMPLE DE PAIX ET DE CEULX QUI LA ROMPENT[10]

La fantasie des gens du temps passé estoit que quant il y avoit eu guerre, discord ou aucun debat entre les pape, empereur, roys ou princes,[11] et on traictoit quelque paix ou accord, ilz montoyent sur une haulte montaigne, sur laquelle estoit occis ung aigneau. Et estoit le sang respandu devant eulx en signe de reformation de paix, et aussi en[12] demonstrant que celui qui l'enfraindroit et[13] yroit à l'encontre, vengeance seroit prinse de lui et son sang respandu comme[14] de l'aigneau.

---

[8] Very infrequent in the first half of the century, the preposition is iterated in all editions consulted. See R. L. Frautschi, "An Example of the preposition 'Dans' in 1516", *Romance Notes,* I, 2 (1960), 155-6.

[9] Lyric cesura.

[10] Oesterley, XXXV (XXXIV), "De pacis reformatione et vindicta eam dissipantium," p. 334; Swan-Hooper, XXXV, "How Roman noblemen became reconciled after being at variance," p. 68.

[11] The *Gesta* versions specify only noblemen ("inter magnos").

[12] A, B-- *en* lacks.

[13] A, B-- *ou.*

[14] A, B-- *respandu ainsi que le sang.*

WOODCUT 10

MORALITÉ SUR CESTE EXEMPLE

Par les grans seigneurs on doit[15] entendre Dieu le pere et l'homme. Le Psalmiste[16] dit de Dieu que[17] il n'y a point de fin ne de terme de sa grandeur. Dit aussi de l'homme qu'il a esté creé et fait selon sa semblance: *Tu as rendu toutes choses subjectes à ses piedz.* Entre Dieu et l'homme a esté telle discorde que tous ceulx qui mouroyent pour lors alloyent aux enfers. Du[18] depuis confirmation de paix a esté faicte entre eulx et a esté mené ung aigneau innocent sur une montaigne, lequel aigneau nous peut figurer nostre saulveur et redempteur, Jesuchrist, qui fut crucifié sur la montaigne de Calvaire où il respandit son sang en signe que celui qui yroit contre ceste paix faicte seroit pugny, et aussi que on prendroit de luy grosse vengeance et seroit son sang respandu. Parquoy, nous[19] devons estre asseurez que nous[20] serons pugnis griefvement, si nous rompons l'appoinctement et paction qui est entre Dieu et nous, laquelle a esté promise au jour que nous receusmes le sainct sacrement de baptesme. Et pour ce, estudions à garder ceste paix et bien nous en prendra.[21]

L'ACTEUR

Tant on a fait d'amyables accordz;[22]
Puis peu de temps par beau parler confit;

---

[15] A, B-- *on peult fantasier et.*
[16] David.
[17] A, B-- *que* lacks.
[18] A, B-- *Du* lacks.
[19] A, B-- *nous* lacks.
[20] A, B-- *nous* lacks.
[21] The terminal sentence of this moralisation which relates directly to the author's introductory and concluding verses on the peace treaties of 1516 is a rare instance in which Gringore joins, within the *Gesta* moralities, the religious and secular dicta. The usual pattern, when it occurs, is to assimilate the moral perspectives in the verse conclusions.
[22] A curious variation (AbaabbccdadA) which Gringore elsewhere (see introductory verse, tale XVII) designates as a rondeau form. Unlike the more regular forms of the rondeau, a new set of rhymes is introduced in each of the four strophes.

Puis mué en noises et discordz
Par envieux, qui [n']ont[23] esté recordz
Que noble cueur vouloit que paix on fist.
Par trop aimer leur singulier prouffit,
Non regardant qu'ilz rompoyent les vertus,
Contre raison ilz se sont debattus,
Car autrement leur estat changeroit,
Incontinent que guerre fineroit.   10
De la nourrir font nuict et jour effors.
Courcez seroyent quant le monde diroit:
Tant on a fait d'amyables accordz.

Par trop aimer tresors et biens mondains,
Faire bastir chasteaulx, manoirs, fortresses,
Abattre pain nuict et jour à deux mains,
Frapper de taille et d'estoc sur humains,
Gens de lieu bas ont eu grandes richesses.
Simples clergeaulx, qui ont aprins finesses,
Sont devenus comme peti[t]s seigneurs,   20
Et en orgueil tant eslevez leurs cueurs,
Qu'ilz ont desir tousjours qu'on face guerre
Affin d'avoir tous les biens de la terre.
Ce nonobstant qu'ilz soyent filz de villains,
Ne doubtez point que leur courage ne erre
Par trop aimer tresors et biens mondains.

Tel n'a eu cours que deux ans qui est ricke,
Voire, a milliers. Dont peult cela venir?
Quant mon esprit à y penser se fiche,
Conclure veult pour finalle rebriche   30
Que au[24] commun fault telz gens soustenir;
Car sa substance on lui veult retenir,
Tirer son sang et arracher sa laine,
Com à l'aignel que au sacrifice on meine.
Gens affamez happent de tous costez.
Ses biens saisis, ravis, pillez, ostez,

---

[23] A-- n'.
[24] Pron.: *Que-au.*

Tant qu'il n'a plus la valleur d'une miche.
Par gens telz quelz, se le cas bien notez,
Tel n'a eu cours que deux ans qui est riche.

Celui qui rompt la paix, l'appoinctement,   40
Non desirant que le peuple soit franc,
Pugnir le fault si criminellement,
Qu'en lieu public on voye notoirement
L'effusion par crueur de son sang,
Ou le getter en riviere ou estang.
Palliateur est de roys et de princes,
Et destructeur de mondaines provinces,
Dont les seigneurs ne sont point advertis
Que des pays plusieurs sont fugitifz,
Tous esperdus, mais on cognoist comment: 50
Par gens qui ont espritz doctes, subtilz:
Celui qui rompt la paix, l'appoinctement.

IX

COMME UNG HOMME SEUL PEULT SAULVER UNE NATION PAR ENDURER PEINE VOLUNTAIRE

Gens liberaulx font à chascun plaisir.
Aucunesfois n'y perdent quelque chose.
Aussi, d'aucuns se veullent dessaisir
Du bien mondain, mais ung autre en dispose.
Le plus souvent tel veult des biens saisir
Et les happer par larcin, mais il n'ose.
Si est requis le bon chemin choisir.
On ne fait pas tout ce que l'on propose.

Aucuns ont mis leurs ames et leurs corps
En grant danger pour à chascun complaire.
Et appaiser les noises et discordz,
Dont en la fin ilz ont peu de sallaire.
Incontinent qu'ilz ont fait les accordz,
Du plaisir fait plusieurs se veullent taire,
Et ne sont plus de ce bien fait recordz.
Bon fait penser au plaisir qu'on veult faire.

On en congnoist qui mettent leur estude
A faire empruntz, mais qu'on y vueille entendre.
Tout leur penser est trouver habitude
Pour demander. Mains ont prestes à prendre.
Tel fait promesse, et mentir point ne cude,
Qui tost apres n'a que engager ne vendre.
S'on luy demande, il rend langage rude.
Dieu est au prest, mais le dyable est au rendre.

WOODCUT 11

EXEMPLE[1]

Il advint une fois que au meillieu de la ville de Romme la terre se ouvrit, et estoit le trou ou pertuis merveilleusement grant et de si grande profondeur que oeil tant fust subtil n'eust sceu veoir le fons, dont les Rommains furent fort esbahis et fantasiez. Parquoy, pour y remedier assemblerent le senat avec les consulz, preteurs et dictateur de la cité, et eurent conseil sur ce cas qui fut tel qu'ilz yroyent devotement vers les Dieux, suppliant qu'il leur pleust reveler la cause de ceste adventure et mesmes le remede pour[2] y pourveoir. A quoy les Dieux firent responce que jamais l'ouverture ne seroit fermee jusques à ce que quelcun se gettast voulentairement dedens icelle, ce que homme ne vouloit faire; parquoy l'ouverture fut longuement dedens ladicte ville. Et ce voyant, ung noble Rommain,[3] meu de pitié, considera en soy qu'il feroit ung bien inestimable en la cité se il la delivroit de cest inconvenient, se arma de precieuses armes, print un cheval hardy, legier et ysnel, et[4] monta dessus, et se getta tout ainsi armé avec son cheval dedens ceste profonde abisme. Et incontinent la terre fut reclose, ainsi qu'elle avoit esté par avant, qui du depuis ne a fait ouverture.

MORALITÉ SUR CESTE EXEMPLE

Par la cité de Romme on peult signifier et figurer ce monde au meillieu duquel est enfer: c'est le centre de la terre, lequel a esté

---

[1] Oesterley, XLIII (XLII), "Quod Christus clausit infernum sua passione et voluntaria morte," pp. 341-2; Swan-Hooper, XLIII, "Of a chasm in the midst of Rome, and how it was closed," pp. 77-8.

[2] A, B-- *de*.

[3] Marcus Anilius (Oesterley): Marcus Aurelias (Swan-Hooper). Swan identifies the nobleman as Marcus Curtius. In the Swan and Oesterley versions Curtius demands this condition: "Si per annum in Roma pro libitu meo me vivere sinitis, anno elapso gaudenter et voluntarie me immergam." Gringore deletes the hedonistic motivation in favor of civic virtue. The ommission of this detail counters the author's tendancy to accrete the narratives.

[4] A, B-- *et* lacks.

ouvert devant la nativité de Jesuchrist, où infinis hommes sont[5] trebuschez. Par le senat, consulz, preteurs et dictateur on peult prendre les patriarches, roys et prophetes, qui tous les jours demandoyent à Dieu le pere la cause de ceste ouverture infernalle, qui leur fist responce par leurs bouches mesmes que jusques à ce que une vierge enfanteroit ung filz qui en la fleur de son aage deliberement et voluntairement se getteroit en ceste ouverture, jamais elle ne seroit reclose; ce que nostre saulveur et redempteur Jesuchrist fist. Car, incontinent apres sa mort et passion, monta sur le cheval de charité armé des armes de la croix, entra en l'abisme infernalle, c'est enfer, en tira hors[6] les anciens peres et meres, et incontinent fut enfer reclos, qui ne nous sera jamais ouvert se ne pechons mortellement et desprisons les commandemens de Dieu. Si est requis nous en garder, affin que ne puissons tumber en lieu si obscur, mais monter au ciel où est clarté nonpareille.

L'ACTEUR

Peu de gens sont deliberez mourir
Pour subvenir à la chose publicque.
On ne veult plus son prochain secourir,
Mais ung chascun pour amasser practique.
Plusieurs veullent tracasser et courir,
Qui ont parler liberal, autenticque,
Et toutesfois leurs parens voyent perir
Sans leur ayder. Esse pas chose inique?

Amitié est cachee en quelque coing.
De chercher foy aujourdhuy on s'abuse.   10
Quant de union, fuyé s'en est bien loing.
Amour venir en ceste[7] monde refuse.
Largesse a bruyt, mais el a clos le poing.
Se on veult avoir liberté, el se excuse

---

[5] A, B-- *y sont.*
[6] A, B-- *dehors* (syn.).
[7] A, B-- *ce.* Eleven syllable line in D.

Amasser biens sans prendre d'autruy soing.
Pour le jour d'huy le peuple humain s'amuse.

  Ceulx qui devroyent le bien public garder
Ont cueur felon et pensee desloyalle.
A leur prouffit veullent trop regarder.
Quant sont munys de puissance royalle,   20
Ilz ont vouloir par sus tous proceder.[8]
S'ilz font du bien, n'est que par intervalle.
Absorbez sont, quant vient à deceder,
Sans revenir en la fosse infernalle.

---

[8] A, B-- *sus, preceder.*

X

COMME NECESSITÉ TREUVE MOYEN DE VIVRE

Gens eshontez, qui ne veullent trouver
Aucun moyen de vivre et sont oyseux,
Pour bestiaulx on les doit reprouver,
Sans frequenter ne hanter avec eulx,
Car Dieu n'ayma jamais gens paresseux.

Il y en a qui veullent besongner
Pour peu de gaing, et sont de bon affaire.
Les autres sont tousjours prestz d'empoigner
Leur petit gaing, et ne veullent riens faire.
Selon l'ouvrage on doit avoir sallaire. 10

On voit coquins, larrons, maraulx, bellistres,
Lasches de cueur, rongneux, pelez, tondus,
Ainsi rengez que moynes en chapitres,
Nudz et deschaulx, gelez et morfondus.
Tous paresseux sont en fin confondus.

Qui n'a argent requis est d'en chercher.
Le fol s'attend à l'escuelle d'autruy.
Qui rien n'emprunte, on n'a que reprocher.
Bon fait avoir argent en son estuy.
Bien peu d'amys on voit pour le jour d'huy. 20

Si nous voyons que ayons necessité,
Trouvons facon de gaigner nostre vie.
En nous mettant hors de perplexité,

WOODCUT 12

Despendre trop ne fault avoir envie.
De peu de chose est la chair assouvie.

EXEMPLE[1]

Il fut ung roy qui eut fantasie de faire ung grant convy ou bancquet et de tenir ung certain temps durant court ouverte à ung chacun. Il envoya messagiers et heraulx par tous ses[2] pays, qui le publierent à son de trompe et autrement. Le bancquet fut prest aux jours limitez où se transporterent gens de plusieurs estatz voluntairement pour ce que le roy avoit dit et promis que ceulx qui se y trouveroyent auroyent infinis biens et richesses. Advint que ung aveugle fort et puissant de corps et ung homme boiteux et impotent de tous ses membres, excepté des yeulx, dont il veoit trescler, ouyrent la publication du bancquet. Se prindrent à regretter leur imparfection qui estoit cause qu'ilz ne se presentoyent audict convy, et que par ce perdoyent ung bon repas, mesmes une richesse infinie.

L'aveugle disoit au boiteux : —Mon amy, tu es impotent de tes membres, et je ne voy goutte. Impossible nous est de comparoir à ce noble et solempnel bancquet.

Auquel le boiteux fist responce : —Mon amy, il n'est riens impossible aux hommes, pourveu qu'ilz se vueillent employer à resister à leur malle fortune. Ne te soucie. S'il ne tient à toy, nous parviendrons au bancquet que le roy a estably. J'ay advisé que tu es robuste, fort et puissant pour cheminer, mesmes pour porter ung pesant fardeau. Si est requis que me charges sur tes espaules, et je te adresseray la voye par où il fault aller au bancquet royal. Par ce moyen nous y parviendrons.

Ce qui fut fait. Et par ainsi prindrent leur repas et eurent selon la promesse du roy richesses et biens infinis.

---

[1] Oesterley, LXXI (LXIII), "De remuneracione eterne patrie," pp. 305-6; Swan-Hooper, LXXI, "How a lame and a blind man arrived safely to enjoy a feast given by a certain king," pp. 126-7.

[2] A, B-- *ses* lacks.

EXPOSITION ET SENS MORAL A LA PREDICTE HISTOIRE

Le roy qui a preparé le convy ou bancquet solempnel se peult entendre nostre benoist saulveur et[3] redempteur Jesuchrist, et le bancquet la vie eternelle, car il est dit en la saincte Escripture : *Ung homme fist ung grant convy ou plusieurs furent appellez, et ceulx qui y assisterent eurent richesses eternelles.* Cest aveugle peult signifier les hommes riches, fors et puissans en biens mondains, qui ne considerent et ne veullent veoir ne cognoistre que les biens qu'ilz ont sont venus par la grace de Dieu. Et par ainsi sont aveuglez par peché. Et les doit-on nommer aveugles quant à la vie eternelle, et qui plus est, ignorans des choses salutaires.

La comparaison d'iceulx est la taulpe qui dessoubz terre a plusieurs peti[t]s logis où elle se retire. Aussi les riches mondains, aveuglez en leurs biens terrestres, ont plusieurs logis; c'est assavoir, chasteaulx, maisons, manoirs et autres lieux qu'ilz ont fait ediffier pour eulx retirer, et mesmement y ont mucez et[4] cachez leurs tresors qui les ont si bien aveuglez qu'il leur semble que jamais ne leur fauldront. Quant la taulpe est dehors de la terre et a eslongné le pertuis dont elle s'est partie, impossible lui est de y retourner. Aussi, quant l'homme humain part de ce monde, c'est assavoir, quant l'ame est separee du corps, elle ne y peult plus retourner. Et lui est forcé de laisser et habandonner les maisons, manoirs et autres logis, ainsi que à la taulpe qui ne peult plus retourner en son pertuis.

Les riches voyent assez cler aux choses temporelles, mais ilz sont aveuglez aux spirituelles. Les[5] boiteux povons comparer à ung homme devot. A ce qu'il cloche, on doit scavoir qu'il n'y à homme parfaict. Toustesfois il voyt assez cler pour aller au bancquet eternel, car il enseigne à l'aveugle, c'est à dire, aux mondains de y parvenir, et les y conduyt, pourveu qu'ilz y veullent mettre peine. Et pour ce, ceulx qui veullent parvenir au bancquet eternel, c'est la gloire celestielle, ilz doyvent croire ceulx qui leur enseignent le chemin et les porter sur leur dos affin que assemblement ilz y puissent parvenir. Mais il est à entendre que le fardeau que l'aveu-

---

[3] A, B-- *benoist saulveur et* lacks.
[4] A, B-- *ou.*
[5] A, B-- *Le.*

gle doit porter, à parler morallement, ce sont les povres à qui ilz
doyvent presenter dons et ausmosnes pour subvenir à leurs necessitez. Les heraulx qui ont publié le bancquet ou convy, on les pourroit appliquer aux devotz docteurs, interpreteurs[6] de la saincte Escripture, qui sans cesser nous admonnestent par leurs sermons et
enseignements à nous gouverner selon la doctrine de nostre mere,
Saincte Eglise. Par ce moyen nous devons croire ceulx qui nous
monstrent le chemin pour aller au bancquet et convy solempnel qui
est la gloire eternelle, c'est paradis où povons facilement parvenir
en prenant peine et labeur accomplissant les commandements et conseil des docteurs et predicateurs qui nous enseignent le chemin pour
y parvenir.

L'ACTEUR

Au temps present on fait plusieurs bancquetz
Où viennent gens masquez[7] et desguisez.
On s' y esbat; on dit plusieurs caquetz.
Souvent y sont mariages brisez.
A dur metal fault engins aguisez.

Richesses, biens on y peult acquerir,
Plaisir de corps, et jouyr de sa dame,
Par doulcement prier et requerir.
Mais cela nuyst terriblement à l'ame.
Fuyr fault lieux où sont reproche et blame.   10

Aucuns bancquetz sont honnestes, gaillardz.
Les gens de bien y prennent plaisir, joye.
S'il y survient gens goulliars, paillardz,
Chasser les fault comme l'oyseau la proye.
N'est que suyvir la seure et droicte voye.

Pour parvenir au bancquet eternel
Il fault porter povres, aulmosnes faire,

---

[6] A, B-- *et interpreteurs*.
[7] A-- *maisgres*.

Sans trop penser à son bien temporel,
Prescheurs ouyr qui sont de bon affaire.
On ne revient de marché com de fayre. 20

   Gens aveugles y arrivent souvent.
Avdis leur est que nul ne les escoute,
Mais Malle-Bouche[8] est soufflante souvent.[9]
Quant elle ment,[10] ne haulce pas le coulte.
Bancquet donné aucunesfois chier couste.

   Aucuns y vont par bien et par honneur.
Viande et vins assez on y appreste,
Car icelui qui en est gouverneur
Joyeusement les recoit et les traicte.
Mais Faulce-Langue[11] à mal parler est preste. 30

   Par envieux qui ont legiere langue
Pour blasonner en convis, nopces, veilles,
Les cas d'autrui faisant mainte harangue,
Sont advenues des choses nompareilles.
A coups de langues[12] il fault escus d'oreilles.

   Brief, se quelcun est gay en passant temps,
Sans penser mal ne faire quelque offence,
Les mesdisans en seront mal contens
Et en diront souvent folle sentence.
Assez a fait de mal qui tant en pense. 40

---

[8] Allegorical figure from *Le Roman de la Rose*. For editions printed prior to 1516 consult Brunet, *Manuel,* III, cols. 1170-73.
[9] A, B-- *son vent.*
[10] A-- *meut.*
[11] A variant of the allegorical Malle-Bouche mentioned above, perhaps contaminated with the protean figure Faux-Semblant.
[12] The unstressed syllable in *langues,* if not elided with *il,* forms an epic cesura.

XI

DE CEULX QUI BAILLENT MAUVAIS EXEMPLE

Plusieurs voyons qui prennent leur plaisir
Et passent temps pecher publicquement,
Voulans complaire à leur charnel desir,
Sans croire Dieu ne son commandement.
Et ne leur chault quant ou quoy ne comment.
Tousjours sont prestz et prennent le loisir
De nuict et jour vivre mondainement,
Sans craindre mort qui les vient tost saisir.
Quant de biensfaictz, ilz les laissent moisir,
Comme usuriers font en coffres escus. 10
Tous pecheurs sont par leurs pechez vaincus.

On en congnoist qui sont pecheurs de fait,
Et sont contens que le monde le sache.
Advis leur est qu'ilz font ung tresbeau fait,
Disant qu'ilz n'ont l'esprit ne le cueur lasche.
Si de railleurs ilz en ont quelque attache,
Compte n'en font, et monstrent par effect
Qu'ilz n'ont vouloir que leur erreur se cache;
Car peu leur chault de leur faulte ou forfaict,
Dont maint en est navré, battu, deffaict. 20
Pugnition accourt qui pecheur lye.
Le fol trop tard recongnoist sa follie.

On en congnoist qui veullent corriger
Et remonstrer à gens plus sages que eulx.
Ilz ont parler si prompt et si legier

Que à l'adventure ilz disent motz oiseux.
Secrettement font cas malicieux.
Advis leur est pour autrui laidenger
Qu'ilz sont purgés de leur faictz vicieux.
Par beau parler veullent gens oultrager.   30
Entre deux eaues appetent de nager,
Mais bien souvent à la fange demeurent.
Souvent mocqueurs plus tost que mocquez meurent.

EXEMPLE[1]

    Il fut ung prestre lubrique qui estoit curé de une bonne et riche paroisse. Et y avoit plusieurs notables parroissiens, entre lesquelz y en avoit ung qui faisoit difference de ouyr sa messe. Et luy sembloit qu'il estoit indigne la celebrer et que son service desplaisoit à Dieu. Parquoy, incontinent qu'il se preparoit pour celebrer, ledit parroissien tout fantasié se transportoit hors de l'église.
    Advint ung jour qu'il s'estoit departy pour celle cause en soy pourmenant[2] en ung pré où fluoit et decouroit ung petit ruisseau d'eaue clere et purifiee. Ledit parroissien, qui avoit une ardeur de foye et estoit eschauffé, pour rassasier sa soif print de l'eaue du ruisseau et en beut par plusieurs fois. Ce nonobstant il ne estanchoit point sa soif. Se delibera d'aller contremont le ruisseau jusques à ce qu'il eust trouvée la fontaine dont sortoit et procedoit ceste eaue. En cheminant rencontra ung homme vieil et ancien qui luy demanda où il alloit, car il ne tenoit pas[3] de chemin. Il luy fist responce que il serchoit le lieu dont le ruisseau procedoit. Le viellard se offrit de luy mener, mais en cheminant l'interrogua pourquoy il s'estoit absenté de l'eglise à une si bonne journee sans ouyr messe, veu que le prestre estoit prest de celebrer. Le paroissien lui fist responce

---

[1] Oesterley, XII, "De luxuria," pp. 289-91; "Swan-Hooper, XII," "Of a wonderful rivulet that flowed through the jaws of a putrid dog," pp. 22-6. Gringore omits the temporal localisation: "Otto regnavit, in cujus imperio erat quidam sacerdos luxoricus...."

[2] A, B-- *telle cause soy pourmenant.*

[3] A, B-- *point.*

WOODCUT 13

qu'il s'en estoit party pource que le prestre estoit lubricque et menoit vie deshonneste et que par ce il differoit ouyr sa messe. En devisant de telles choses arriverent au lieu où estoit la source dudict ruisseau. Le viellard dist au paroissien :

—Vela la source dont procede ceste eaue que tu as trouvee si bonne, si doulce et si[4] savoureuse.

Le paroissien s'approcha pres et vit que tout le ruisseau passoit par la gueulle d'ung chien mort, puant et infect dont il eut crainte, doubtant que l'eaue qu'il avoit beue fust cause lui engendrer une malladie qui lui tournast à grant prejudice. Et mesmement qu'il avoit si grande soif que force luy estoit en boire de rechief ou de mourir en la place ; ce que congneut ledit ancien homme et luy dist :

—Mon amy, ne t'esbahys de ce que tu voys. Tu ne doys point avoir paour[5] que l'eaue de ce ruisseau que tu as beue te face aucun mal, si[6] tu peulx estancher ta soif et en boire à ton plaisir ; car je te asseure que n'en auras aucun mauvais inconvenient, mais en seras rassasié.

Le parroissien, se confiant aux parolles de l'ancien homme, et aussi que force luy estoit de boire ou mourir subitement, beut de ceste eaue qu'il trouva si doulce et si bonne que par son rapport il ne gousta jamais si doulx bruvage. Adonc le vieillard luy fist responce en disant :

—Mon amy, tout ainsi que ceste fontaine et clere eaue decourt par la gueulle d'ung chien puant et infect sans que ladicte eaue en soit corrompue, tout ainsi la messe celebree par la bouche du prestre lubrique et pecheur te peult prouffiter et n'en vault pas pire[7] quant à toy. Parquoy ne doys differer de ouyr la messe de ung prestre pecheur non plus que de boire de l'eaue qui passe par la gueulle de ce chien mort et infect.

Incontinant ledit ancien homme se repartit du paroissien qui racompta sa vision.[8] Ainsi ne firent plus de difference de ouyr la messe de leur curé ne de ouyr par sa bouche les commandements de l'Eglise.

---

[4] A, B-- *si* lacks.
[5] A, B-- *de paour.*
[6] A, B-- *et si.*
[7] A, B-- *pis.*
[8] A-- *racompta à plusieurs sa vision.*

EXPOSITION ET SENS MORAL

Nous povons fantasier que tout ainsi qu'ung curé doit vacquer et veiller sur les ames de ses parroissiens et les preserver de peché, aussi tout bon chrestien doit mettre peine et labeur à garder soigneusement les vertus qu'il a receues par le sacrement de baptesme. Or, est-il[9] ainsi que ce prestre lubrique qui monstre mauvais exemple à ses parroissiens peult estre figuré au pervers chrestien, car par parolles et effect tire et fait commettre à plusieurs qui le hantent et frequentent pechez et cas enormes qui est cause de descendre au lieu infernal. Mais pour eviter ce danger il fault faire ainsi que le parroissien qui a tant cheminé qu'il a trouvé le viellard, par l'enseignement duquel a cogneu la source du ruisseau. Le vieillard povons prendre pour Jesuchrist que nous devons chercher en ce monde que pourrons trouver par les oeuvres de misericorde. Mais si fault-il, nonobstant, boire premierement du ruisseau, jacoit ce que la soif ne soit du tout estanchee. Le ruisseau dont nous buvons peult estre prins pour le sacrement de baptesme qui estainct le peché originel. Mais si d'aventure nous tumbons en peché, nostre soif, qui est nostre peché, ne peut estre estaincte jusques à ce que nous ayons beu de la grande fontaine. Car comme Dieu dit par la bouche de l'Evangeliste : *Je suis fontaine en la vie eternelle.*

Les ruisseaulx ou veynes de ceste fontaine peu[v]ent signifier les sainctz escriptz. Lesdictz ruisseaulx procedants par la gueulle d'ung chien putrefaict se peu[v]ent applicquer aux parolles qui sortent[10] de la bouche du prestre pecheur. Et toutesfois ilz ne laissent pas à estre bonnes et vertueuses.

Et fault noter que on peult faire comparaison de prestres à chiens, car ainsi que en ung chien y a quatre bonnes proprietez. Tout ainsi sont quatre bonnes proprietez en ung bon prestre. Les quatre proprietez du chien sont telles : premierement, il a langue medicinable, l'odorement, loyalle amour à son maistre et l'abboy. Car, comme chascun scait, il nettoye de[11] sa langue les playes et les cure. Aussi les bons curez doyvent de[12] leur langue, c'est assavoir,

---

[9] A, B-- *il* lacks.
[10] A-- *sortoient.*
[11] A, B-- *par.*
[12] A, B- *Pareillement les curez doivent par.*

par leurs sermons et remonstrances, oster les playes des pechez[13] qui sont aux hommes.

Secondement, les chiens par odorer trouvent les bestes vulpines. Et ainsi[14] ung prestre sent ou odore en confessant la creature ses fraudes et malices, pechez, heresies, perversitez et faulcetez.

Tiercement, le chien s'expose au dangier et peril de mort pour deffendre son maistre, sa maison et biens. En telle maniere doyvent faire les prestres, c'est assavoir, exposer leurs corps en dangier et peril de mort pour garder et deffendre la foy catholicque et mesmement pour le salut des ames de leurs parroissiens et de tous autres chrestiens, car ung bon pasteur met son ame pour ses ouailles.

Quartement, le chien par son abboy chasse les larrons et ne les seuffre approcher pres de[15] la maison de son maistre. Le prestre fidelle et loyal nous represente le chien du grant roy, c'est Jesus, car par l'abboy de sa predication et soing continuel de priere et oraison ne seuffre venir larrons pour desrober et suborner les parroissiens.[16] C'est à entendre qu'il n'endure les espritz dyaboliques et perverses cogitations estre faictes du tresor de son seigneur, c'est de l'ame raisonnable, laquelle a esté rachetee bien cherement du precieux sang de nostre saulveur et redempteur Jesuchrist.

---

[13] A, B-- *de peché.*
[14] A, B-- *aussi.*
[15] A, B-- *de* lacks.
[16] A, B-- *ou suborner ses paroissiens.*

XII

DE L'ENVIE DES MAUVAIS CONTRE LES BONS

Les envieux sont tristes et pensifz.
Quant prosperer congnoissent leur semblable,
Ilz sont tous prestz faire cas excessifz,
En luy nuisant,
Le desprisant
En devisant,
Ou en parlant, en passant temps à table.
L'homme est louable,
Doulx, honorable,
Bon et affable, 10
Quant escouter les veult de sens rassis.
Gens excessifz,
Mondains, passifz
Sont cinq ou six
Qui ont parler attrayant, aguisant.
En tous lieux n'est tousjours soleil luisant.

Las, trop de maulx viennent par envieux;
Et si en fin ilz sont mis en decours,
Car on en voit bien peu qui soyent joyeux,
Mais faulx, pervers, 20
Et folz divers
Qui à l'envers
Veullent tumber ceulx qui ont bruit et cours.
Envye ès courtz
Baille coups lourdz.
Cadetz, millours

Y doivent bien penser à tout par eulx.
Les vicieux
Fantasieux
Sont souffreteux,   30
Apres qu'ilz ont leurs pensers descouvers.
Fol est celui qui rompt les huis ouvers.

  Ung envieux plus que à autrui se nuist,
Car il meurtrit son corps, son cueur et ame.
Se quelcun a des biens dequoy lui nuist
Tout son avoir,[1]
On doit scavoir
Qu'on peult avoir
Gloire et honneur par seigneur et par dame.
Le nom et fame   40
Contrainct qu'on ame
Sans nul diffame
Ceulx qui ont nom et acquierent bon bruit.
Mais[2] est destruict
Par fol deduit
Qui le conduit,
Dont mesbahis que de dueil ne se pasme.
Toutes odeurs ne sentent comme basme.
  Les freres ont l'un dessus l'autre envie
Au temps present, qui est ung piteux cas,   50
Car fraternelle amour on a ravie;
Muee pour lors

---

[1] In all editions consulted posterior to D the following type variants occur:

	Tout son avoir	On doit scavoir	
	Le nom et fame	Contrainct qu'on ame	
	Mais est destruict	Par fol deduit	
Muee pour lors	Est en discordz		Par griefz efforz
Debatz, soulas	On en est las		Disant helas.
Dueil la convie,	Chair qui devye		N'est assouvie...

Exceptionally, the revised Lotrian edition (I) retains the original typography, except for the juxtaposition of the lines beginning: *Deuil la convie...* (n-1^r).

[2] A-- *Maint*.

Est en discordz
Par griefz effors
Et folle amour, qui ès cueurs sonne cas.
Debatz, soulas,
On en est las,
Disant 'helas.'
Amitié n'est aujourdhui plus en vie;
Dueil la convie.   60
Chair qui devye
N'est assouvie,
Mais dit du mal où el ne le voyt pas.
A bon ouvrage il fault rigle et compas.

EXEMPLE[3]

Ung homme notable et bien renommé eut deux enfans masles. Sa fantasie fut de mettre son amour à eulx en telle maniere qu'il lui sembloit, quant ilz estoyent hors de sa presence, qu'il avoit perdu tout son plaisir. Advint que le plus jeune fut amoureux d'une meretrice ou fille publicque et si fort espris de son amour que par frequentation naturelle avec les promesses qu'elle lui fist que s'il lui plaisoit de sa grace la prendre en[4] mariage qu'elle lui obeyroit à ses commandements, en soy obligeant que se elle lui faisoit faulte de son corps estre chassee et expulsee de sa compaignie, mesmes contente de recevoir mort par ses mains. Le jeune enfant fantasié de ceste requeste considera comme ladicte meretrice selon sa puissance le traictoit honnestement et ne l'habandonnoit point pour autrui. Et aussi que il avoit veu plusieurs filles estre mariees pucelles qui durant leur mariage se gouvernoyent tresmal, mesmement qu'il feroit les oeuvres de charité s'il retiroit une pecheresse de peché.

Se delibera de l'espouser, et de fait, l'espousa en saincte eglise. Pour laquella cause son pere fut si courouçé qu'il ne le vouloit

---

[3] Oesterley, VII, "De invidia malorum adversus bonos," pp. 281-2; Swan-Hooper, "How a Roman nobleman had two sons, of whom one married a harlot and was at first rejected, but afterwards received by his father," pp. 13-4. The Oesterley version begins: "Dioclesianus regnavit... "

[4] A, B-- à.

WOODCUT 14

veoir ne recontrer. Et de fait, fut privé de ses biens. Son frere aisné le blasmoit incessamment devant son pere. Le jeune homme qui n'avoit point accoustume de besongner mais vivre du revenu des biens de son pere fut en grande necessité de malladie avecques sa femme. Toutesfois, quelque povreté qu'ilz eussent, ilz se gouvernerent honnestement en mariage et sans deshonneur.

Advint que certain temps apres ceste povre pecheresse enfanta ung beau filz et plaisant de la semence de son mary. Or, estoyentilz si trespovres que à grant peine avoyent-ilz dequoy[5] substanter eulx ne leur enfant. Le jeune homme fantasié se pensa que il prendroit la hardiesse de aller par devers[6] sondict pere pour[7] lui requerir grace et mercy, mais honte le redarguoit. Si pensa et delibera qu'il envoyeroit une lettre ou epistre par devers son pere qui feroit declaration de son cas. Si print papier, plume et encre; puis se mist à escripre ce qui s'ensuit. Et puis l'envoya à son pere par ung sien amy feal qui lui presenta.

EPISTRE[8]

Pere et amy, sang naturel me meult
Te faire escript. Aussi raison le veult,

---

[5] A, B-- *Si povres que à peine avoient dequoy.*
[6] A, B-- *prendroit hardyesse de aller devers.*
[7] A, B-- *pour* lacks.
[8] The *épître* form, loosely defined by Sebillet as a *missive en vers* [ed. F. Gaiffe, STFM (Paris, 1910), p. 154] as utilized here by Gringore approaches less the *épître artificielle,* i. e. missives composed by mythological heros or heroines, than the *épître naturelle,* i. e. a poem addressed by the poet to a friend [H. Guy, *Hist. de la poésie française au XVI*e *siècle,* I (Paris, 1910), 105-8, 165-74]. Also, the versified letter incorporated into the prose narrative suggests as a distant model the mixtures of prose and verse presented in *L'Epître d'Othée* by Christine de Pisan. In addition to Gringore's preoccupation with the amplification and embellishment of the *Gesta* tales, the presence of the letter in verse is rich with implications for future refinements in prose narration as well as the elaboration of the epistolary novel. While scarcely furthering the action of the tale, the epistle functions primarily as a device to dramatize the conflict between the father and the son. In form, it is composed of decasyllabic lines, *rimes suffisantes* and *riches,* alternating masculine and feminine couplets, as prescribed by Melin de St. Gelais.

Precongnoissant que jamais ung vray pere
N'appete veoir à son filz vitupere.
Et se ainsi est que j'aye vers toy mespris,
A ton vouloir[9] j'en vueil estre repris.
Mais requis est toutesfois que viellesse
Supporte ung peu ma fragile jeunesse.
Contre ton veuil j'ay ung cas perpetré.
Se aucunement tu en es penetré,[10]   10
Tu n'as pas tort. Devant toy me humilie
En esperant pardon de ma follie.
Ma femme fut digne de reprocher;
Pour le present nully n'y doit toucher,
Car si tresbien avec moy s'est conduicte
Qu'el n'a esté par luxure seduicte.
Et tant y a que Dieu nous a donné:
Ung bel enfant, de biens peu guerdonné.
A le nourrir avons travail et peine
Sans reste avoir au bout de la sepmaine.   20
S'il te plaisoit me aider à ce besoing,
Incessamment je prendroye cure et soing
A te servir, voyre de bon courage,
Comme servant sans pension ou gage.
Me suffiroit d'avoir tant seullement
Pour passer temps la vie et vestement;
Mon filz pareil, dont je suis en pensee;
Ma femme aussi fust ainsi dispensee;
Ou les subjectz comme auxiliateurs
A tes peti[t]s et simples serviteurs.
Ton plaisir soit me mander qu'est de faire.
Le saoul ne scait que le jeun a affaire.

---

[9] A, B-- *plaisir.*
[10] The line need not be scanned as an epic cesura: *se* before a following initial vowel can be elided or form a hiatus. Also, the subject pronoun *tu* is rarely elided. See G. Lote, *op. cit.*, III, 87, 90.

L'ACTEUR

Apres que le pere eut fait lecture de l'espistre envoyee par son filz, fist responce au messagier qu'il ne vouloit despriser l'humilité de son filz et que son plaisir estoit le recevoir en sa maison. Le filz adverty de ce fut tresjoyeux, et incontinent se[11] partit pour aller au mandement de son pere, et y mena sa femme et son filz qui furent recueillis honnestement. Le pere pour la pitié qu'il voyoit de son enfant, femme et filz de son filz fondoit en larmes. Son filz ploroit tendrement pour la joye de sa reception. La femme souspiroit de honte. L'enfant du filz faisoit plusieurs regardz et joyeuse chere; parquoy le pere grant le print à si grande amour qu'il fut longue espace entre ses bras.

Et comme ceste reconsiliation se faisoit, arriva l'ancien frere, qui ce voyant fut despité et plain de courroux, et ne sceut couvrir son mauvais vouloir, mais comme tout esmeu dist à son pere :

—Tu monstres la follie et imbecillité qui est en toy, vue ce que tu recoys en ta maison celluy qui a fait deshonneur à toy et à tout ton lignage en tant qu'il a espousé une paillarde à la quelle il a engendré ung filz que tu aimes mieulx que moy. Il s'est marié maulgré ton vouloir, ce que je n'ay pas fait, et pour ce je congnois que tu es fol et incensé le recevoir en ta maison et nourrir l'enfant de une pecheresse publicque. Par ce moyen il semble que tu vueilles faire ton heritier de mon puisné ou de son enfant, qui[12] me retourne à grant prejudice, et m'est impossible de l'endurer.

Le pere fut courocé de l'inobedience de son filz aisné et aussi qu'il le reprint du bon zele qu'il avoit à son frere, femme et filz, et[13] lui dist :

—Tu es mon filz aisné qui as par plusieurs fois desobey à mon commandement tant absent que present; et si n'as consideré ton

---

[11] A, B-- *se* lacks.
[12] Read: *ce qui.*
[13] A, B-- *et* lacks.

offence, tu ne as voulu te reconsilier à moy. Ton frere m'a offencé griefvement, je le congnois. Mais aussi il s'est à moy reconsilié par grande contriction, ce que n'as pas fait toutes les fois que m'as offencé, parquoy tu es ingrat envers moy et envieux contre ton frere, et si tu n'as voulu congnoistre tes faultes et meffaictz, ce que ton frere a congneu. Tu le veulx expulser et getter de[14] hors de ma compaignie, et tu te devroyes resjouyr de ce qu'il s'est reconsilié à moy. Et pource que tu es ingrat, tu ne auras point mon heritage que devoyes avoir et posseder de droit. Ton frere en jouyra, car ainsi me plaist, et est ma fantasie qui est raisonnable.

EXPOSITION A LADICTE FABLE

On peult fantasier et applicquer le pere des deux freres au pere celeste. Le premier filz a nature angelicque, et le second a nature humaine. Nous povons doncques dire par figure que nature humaine a espousé une femme meschante. Ce fut iniquité quant contre le comandement de Dieu elle mengea du fruict de vie dont fut expulsé de la maison de son pere. Le filz de la paillarde povons prendre pour le genre humain. Par ce que le pere du filz qui est nature humaine fut mallade, on peult dire et figurer que apres son peché il a esté au val de pleurs et de misere, car il fut mis en la sueur de sa face et y mengea son pain. Et toutesfois il s'est reconsilié à Dieu, son pere, par sa passion; et de jour en jour se y reconsilie par oeuvres meritoires et vertueuses. Par le premier filz que disons nature angelicque povons figurer le dyable qui est ingrat et sans cesser murmure et à dueil de nostre reconsiliation, allegant que pour nostre peché ne sommes dignes d'avoir l'heritage que prenons pour la gloire eternelle. Mais si nous vivons en ce monde justement, son allegation ne nous nuyra point. Mais aurons paradis qu'il a perdu par son orgueil et ingratitude.

---

[14] A, B-- *de* lacks.

XIII

DE BONNE VIE PAR PRENDRE EXEMPLE AUX FAITZ D'AUTRUY

On doit donner et departir ses biens
Selon raison et regarder comment,
Car aucuns sont qui tiennent les moyens
De eulx[1] enrichir. Jamais ne perdent riens
Par demander, voire illicitement.
Et quant on donne, il fault que sagement
On pense à qui, quel don a merité,
Car bien souvent ung fol est herité
Par ung tresgrant prince, seigneur ou maistre
Pour son plaisir, nompas par charité.   10
Qui fait plaisir, on le doit recongnoistre.

Ung prince doit estre joyeulx, loyal,
Hardy, plaisant courtois et amiable,
Audacieux, grave, franc, liberal,
Doulx et piteux, corriger vice et mal,
Sage en ses faictz, amoureux, charitable,
Ferme en propos, constant et non muable,
Ne croyre ceulx qui ont conseil legier,
Et n'estre aussi trop hastif de juger
Sans regarder quelle la fin sera,   20
En evitant tout perilleux danger.
Qui n'a raison, son bruyt s'effacera.

---

[1] *Eulx* before an infinitive has still a reflexive force in the sixteenth century. See A. Ewert, *Fr. Lang.*, p. 160, * 248.

Despendre fault, donner, aussi garder,
Faire bastyr edifices, fortresses.
Et ce qu'on fait deux fois le regarder,
Ou par conseil si bien y proceder
Que tout soit fait selon droit sans finesses;
Bon fait garder et avoir de richesses,
Nonobstant ce que aux biens mondains on fault.
Les biens sont bons en esté pour le chault,   30
Et en yver pour le froid c'est la guise;
Car nous avons, il n'y a nul deffault,
Chault en esté et yver la bise.

 Regarder fault les faictz du temps passé,
Et ceulx qui ont eu bonne renommee
Faire comme eulx. Que tout soit compassé
Par bon moyen et le bien amassé,
Le departir par loy accoustumee.
La region sera bien estimee,
Se ainsi est fait. On le peult bien entendre.   40
Au temps present à l'honneur fault pretendre.
Et les haulx faictz des predecesseurs lyre.
Fin de nos jours sommes contrainctz d'attendre.
De deux chemins fault le meilleur eslyre.

EXEMPLE[2]

 Il fut ung empereur qui eut vouloir de faire ediffier ung lieu triumphal. Et pour ce faire mist en besongne plusieurs ouvriers. Et ainsi comme ilz fouilloyent en terre pour faire les fondements de l'edifice, trouverent ung cercueil où y[3] avoit trois cercles d'or, entre lesquelz estoit escript: *Expendi, donavi, servavi, habui, habeo, perdidi, punior. Primo quod expendi habui et quod donavi habeo.*

---

[2] Oesterley, XVI, "De vita exemplari," pp. 300-1; Swan-Hooper, XVI, "An emperor discovers a sarcophagus with certain words engraved on it," pp. 39-41.

[3] A, B-- *il y.*

WOODCUT 15

Ce voyant l'empereur fist venir par devers lui les sages de son empire et les interrogua que celle[4] chose[5] signifioit. Leur responce fut telle que ung empereur qui avoit regné devant lui avoit fait faire ledit cercueil pour donner exemple aux aultres empereurs, ses successeurs, affin que durant leur regne se gouvernassent en la maniere qu'il s'estoit gouverné.

Expendi.—Comme s'il vouloit dire: —J'ay manifesté ma vie en jugeant droictemente et destruisant moymesmes selon raison.

Donavi.—Sa fantasie estoit dire: —J'ay donné à mes chevaliers choses necessaires, vivres aux povres, et à ung chascun selon leurs merites.

Servavi.—J'ay gardé en toutes oeuvres justice, et si ay usé de misericorde faisant oeuvre condigne.

Habui.—J'ay eu le cueur ferme et large à donner à mes subgectz grace en tous temps.

Habeo.—J'ay eu la main à destruire, à garder et[6] à pugnir.

Perdidi.—J'ay perdu follie, l'amitié de mes ennemis et luxure.

Punior.—Je suis pugny en enfer pource que je n'ay pas eu ferme creance en ung seul Dieu eternel.

Et ce voyant, l'empereur se gouverna, mesmement ses subgectz, vertueusement durant son regne.

MORALITÉ

On pourroit prendre cest empereur pour ung chascun chrestien qui est tenu de edifier ung palaix qui se peult entendre ediffier son

---

[4] A, B-- *empire, les interrogua que telle.*
[5] A-- *escripture.*
[6] A, B-- *et* lacks.

cueur à bonnes oeuvres et fouiller en icelui cueur par contriction; et ainsi pourra trouver le cercueil d'or, c'est assavoir, l'ame doree plaine de vertus par le moyen de la grace divine avec trois cercles d'or qui sont foy, esperance et charité.

Et sera escript: *Expendi*.—J'ay exposé, dit le bon chrestien, mon ame et mon corps au service de Dieu. Et se ung chascun chrestien fait ainsi, il doit estre bien seur de estre guerdonné de la gloire celeste.

Puis y est escript: *Servavi*.—On peult demander que tu as[7] gardé. Responce: —J'ay gardé mon cueur contrict, humilié, prest de faire toutes bonnes oeuvres à Dieu pour accomplir son bon plaisir.

Tiercement estoit escript: *Donavi*.—C'est que le bon chrestien a donné à Dieu de tout son cueur, de toute son ame et pensee, amour et dilection, mesmes à son prochain. Car en ces deux poinctz sont contenus les commandemens de la loy que Dieu bailla à Moyse.

Habui.—J'ay eu du monde vie miserable pour tant que j'ay esté conceu et né en peché originel et fait de vile et orde matiere.

Habeo.—J'ay baptesme et suis fait chevalier de Dieu où je estoye serviteur du dyable.

Perdidi.—J'ay perdu la grace de Dieu par mes pechés, mais je l'ay recouvree en amendant ma vie, faisant penitance qui purge tous pechez

Punior.—Je suis pugny pour mes faultes et pechez, car mon corps et esprit sont en peine de faire penitence.

Expedi quod habui.—J'ay exposé tout mon temps par don de grace aux oeuvres de misericorde.

Quod donavi habeo.—J'ay donné à ma vie bon conseil et me suis submis à croire ce que l'eglise croit; parquoy j'ay la vie eternelle.

---

[7] A, B-- *as-tu*.

XIV

DE CEULX QUI METTENT EN OUBLY LES BIENS QU'ON LEUR A FAICTZ
ET SONT INGRATZ

    Plusieurs tirans prennent argus, debatz
Contre raison et font à autrui guerre.
Advis leur est que ce sont beaulx esbatz
De conquerir de simples gens la terre.
Ce qui les meult de vouloir tant acquerre,
C'est pour avoir or, argent à grant tas.
Cueur ont si fier qu'ilz sont contens qu'il erre.
Orgueil leur fait porter les grans estatz.
Telles gens n'ont honneur en leurs combatz.
Fortune vient souvent qui les defferre,   10
En trebuschant soubdain du hault en bas.
On doit tousjours le juste chemin querre.

    Ung noble cueur à dames n'a discordz,
Mais les supporte en tous cas et affaire.
Pervers tyrans mettent tous leurs effors
A les piller et leur bon bruit deffaire.
Mais Bon Vouloir, qui est prest de complaire
Au feminin, leur fait plusieurs effors,[1]
Et est content, pour telz tyrans deffaire,
En grant danger exposer biens et corps.   20
Assez en est qui veullent mettre hors
De leur maison les[2] dames debonnaire[s],[3]

---

[1] A, B-- *consors*.
[2] A, B-- *des*.
[3] Read: *debonnaires*. A not uncommon licence, here of course for a visual symmetry with *taire*.

Et d'elles font villains et faulx rapportz.
Tel dit le mal, et du bien se veult taire.

  Se à bien servir dames on prent plaisir,
Selon raison le doivent recongnoistre.
Mais que ce soit par vertueux desir,
Et ne oublier cela qu'on veult promettre.
Or en est-il qui veullent dehors mettre
Leur vray amy pour ung double en choisir,   30
Dont en la fin ilz en ont belle lettre,
Car pour soulas soucy les vient saisir.
Puis sur leur cueur laissent couroux moisir,
Qui s'endurcit comme pavé en cloistre.
On se repent souvent tout à loisir
De ce qu'on veult à la haste commettre.

  Les pelerins estrangiers sur les champs
Voyent plusieurs cas dont ilz sont pitoyables.
Aucunesfois l'honneur sont pourchassans
De ceulx à qui on fait maulx execrables.   40
Pugnition de gens qui sont dampnables
Faire se peult par povres gens meschans,[4]
Quant Dieu le veult.   Choses irraisonnables
On voit pugnir par juges non sachans.
Ceulx qui d'autrui sont vices reprochans,
On les congnoist de plusieurs maulx coulpables.
Asnes tresmal s'accordent à leurs chantz,
Et les despitz avec les amiables.

  Qui a bon droit, on le doit secourir.
Raison le veult; Justice s'y accorde.   50
Ce nonobstant, il se fault enquerir
Dont est venu le debat et discorde.
On doit tascher à y mettre concorde,
Sans se bouter en dangier de mourir,
Se on se repent avoir misericorde
De ceulx qui vont pour mercy requerir.

---

[4] A, B-- *par gens povres, meschans.*

WOODCUT 16

Qui gloire veult pourchasser, conquerir,
Il est requis que d'honneur se recorde.
S'on voit des chiens apres ung chien courir,
N'y a celui, s'il peult, qui ne le morde.   60

EXEMPLE[5]

Une noble dame et princesse gouverna son royaulme paisiblement et se fist aimer à[6] ses subjectz tant que par tout en couroit la renommee. Et ce voyant ung prince cruel et tyrant en fut envieux et eut fantasie[7] de destruire elle et son royaulme, car pour ce faire il se mist en armes. La dame et princesse, advertie de ce cas, considera qu'elle estoit insuffisante et peu forte pour se deffendre dudict tyrant, qui avoit mis le siege devant sa forteresse ; et toutesfois avoit courage de resister à sa fierté et tyrannie. Mais elle congneut qu'il luy estoit impossible ; parquoy souventesfois ploroit et faisoit plusieurs regretz.

Or advint que, comme elle estoit en ce courroux, arriva ung sage, vertueux et honneste pelerin, au lieu où elle faisoit sa residence. Et le vit de si bonne sorte qu'il luy fut advis mais qu'elle luy eust compté son cas qu'elle seroit aucunement allegee de sa douleur. La noble dame en plorant et souspirant luy dist comme ce prince et cruel tyrant la molestoit en la voulant priver de son heritage et seigneurie. Le pelerin regardant l'humilité de la dame, meu de pitié et compassion, se delibera la venger de son ennemy. Et de fait le voulut combattre en champ de bataille : ce qui fut mandé au tyrant qui comme fol et oultrecuydé la voulut accepter.

La dame par le moyen du pelerin eut esperance de vivre en paix en son royaulme. Si se efforca de luy bailler armeures au mieulx qu'il luy fust possible. Mais le pelerin contre tous ses ennemis ne

---

[5] Oesterley, XXV (XXIV), "De beneficiorum oblivione et ingratitudine," pp. 321-2; Swan-Hooper, "A lady, whose dominions have been laid waste by a certain king, is defended by a pilgrim who is slain during a battle," p. 57.

[6] A, B-- *de.*

[7] A, B-- *sa fantasie.*

voulut porter autre glaive fors son escharpe et son bourdon. La dame se submist à son vouloir. Mais il ne voulut point entreprendre la bataille jusques à ce qu'elle luy eust fait promesse que lui revenu du conflict ou bataille, s'il subjuguoit son ennemy, qu'elle garderoit ses bourdon et[8] mallette dedens sa chambre et qu'ilz seroyent mis en tel lieu que ne pourroit entrer ne sortir en icelle sans les veoir, affin qu'elle eust de luy memoire durant sa vie : ce qu'elle promist voluntairement et de bon cueur, car il ne luy demandoit aultre recompense.

Lors le pelerin deliberé se adressa vers[9] le prince tyrant et le combatit en telle maniere qu'il l'occit. Et tout l'ost se retira Mais le preux et bon pelerin fut fort navré en la bataille. Il remist la dame et princesse en sa franchise et liberté, dont elle le remercia tresfort. Puis print son escharpe et bourdon et les attacha au chevet de son lict. Incontinent le pelerin se partit[10] et alla faire son voyage.[11]

Plusieurs princes furent advertis de la delivrance de la dame et que ses terres qu'elle avoit perdues estoyent recouvertes. Parquoy devers[12] elle arriverent trois grands princes avecques leur appareil et gens pour la visiter, deliberez de l'espouser, dont ladicte dame fut advertie ; parquoy se accoustra royallement pour aller au devant de eulx et les recueillir honnestement. Toutesfois, avant que partir, elle pensa que si ces princes d'aventure entroyent en sa chambre, ilz pourroyent appercevoir le bourdon et la mallette qui estoyent au chevet de son lict. Et lui sembloit que cela luy tourneroit à grant honte. Si les osta et depuis ne les y voulut remettre. Ainsi oublia la promesse faicte au pelerin et fut ingrate envers luy.

APPLICATION AU SENS MORAL

Ceste dame nous peult figurer l'ame humaine ; et le tyrant le dyable qui l'a privee par longue espace de temps de son heritage qui est le royaulme de paradis, dont elle estoit fort douloureuse et triste non sans cause. Car elle a tousjours esté en enfer jusques à ce

---

[8] B-- *ou.*
[9] A, B-- *devers.*
[10] A, B-- *departit.*
[11] Both the Oesterley and Swan versions indicate the pilgrim's death.
[12] A, B-- *par devers.*

que il soit venu ung pelerin du ciel au pelerinage de ce monde que nous[13] pouvons interpreter pour nostre saulveur et redempteur Jesuchrist.

La mallette du pelerin nous peult signifier sa chair pure et nette, soubz laquelle estoit cachee la divinité, en laquelle chair il a receues plusieurs cruelles playes.

Le bourdon nous peult signifier le boys ou fust de la croix où il fut pendu pour nous pecheurs; et là eut victoire pour nos ames, et lui fut restitué tout ce que nous avions perdu. Et pour la douleur, peine et travail qu'il a souffert et enduré pour nous, ne demande autre chose fors que gardons songneusement ses bourdon et mallette pour l'amour de luy: qui se peult entendre que ayons continuelle memoire de sa passion douloureuse dedens nostre cueur.

Les trois roys peu[v]ent representer le dyable, la chair et le monde qui viennent pour esmouvoir l'ame à delectations et plusieurs autres maulx. Et ce voyant l'ame malheureuse va au devant de ses desirs et concupiscences. Et incontinent qu'elle y consent, pert le memoire de Dieu et, par consequent, oublie les biens qu'il lui a fais. Et par ainsi fault songneusement penser garder l'escharpe et le bourdon: qui se peult entendre avoir memoire des graces et biens que Dieu nous a fais, car par ce moyen parviendrons à la gloire eternelle.

---

[13] A, B-- *nous* lacks.

XV

DE HONNEUR ET DE VILLENNIE OU INJURE

    Qui acquiert bruit et bataille et honneur,
Quant est esleu regent ou gouverneur,
Est à priser, quelque chose qu'on dye.
Se a gens hardis et preux, est grant d'[h]onneur,
Hayant flateurs ou quelque blasonneur.
Ce n'est pas droit ; que nul y contredie.
Cellui qui est de vertu enseigneur
Doit estre dit hault prince et grant seigneur,
En demonstrant bras droit, face hardie.
Premier que mort vient quelque malladie. 10

    Quant à quelcun la charge on veult bailler,
Conduire gens qui doyvent batailler,
Il doit tousjours sur champs en aguet estre.
Se les souldars veullent desvitailler
Leurs ennemis, coupper et detailler,
Ilz veullent trop entreprendre et congnoistre.
Mieulx vault laisser le harnoys enrouiller
En ung guernier que de se aller brouiller
Dedens ung camp et gens en dangier mettre.
Soit bien, soit mal, obeyr fault au maistre. 20

    Oultrecuidez alleguent : —Nous ferons
Aujourd'hui bruit et honneur acquerrons,
Se à nostre vueil on nous veult laisser faire.
Mais de telz gens sobrement parlerons,
Et leurs beaulx faitz cy ne relaterons.
On a congneu puis ung peu leur affaire.

WOODCUT 17

Touchant ce cas riens n'en fantasierons.
Desirans paix, ne scay si nous l'aurons.[1]
Guerre grumelle et ne se daigne taire.
De guerre et paix Dieu est le secretaire. 30

Quant en bataille ung homme est bien instruict,[2]
Si n'est-il seur en la guerre avoir bruyt,[3]
Longue saison sans mauvaise adventure,
Posé le cas que tout soit bien conduit.
Fortune vient, qui veult prendre deduit
De faire tort à cil qui a droicture.
Aucunesfois peuple mal se conduict ;
Parquoy malheur cir qui à bon droit suyt.[4]
Seigneurs pugnis sont pour leur forfaicture.
Maint pert son bruyt prenant d'autrui pasture. 40

Qui a commis d'armes quelque beau fait
Est à priser, se en vertu est parfaict.
C'est grant honneur à prince d'avoir gloire,
Et se en bataille on voit qu'il soit deffait,
Louenge acquiert, car peult estre en effect
Qu'il est moyen de obtenir la victoire.
Les mors sont mors ; Nature satisfaict.
Tel est petit qui une armee refaict.
Les preux hardis font oeuvre meritoire,
Mais le long temps efface le memoire. 50

EXEMPLE[5]

Il fut ung roy qui en sa fantasie ordonna et establist que tous princes et capitaines et autres qui reviendroyent triumphateur de la

---

[1] Cf. Gringore's tentative attitude toward peace here with the more affirmative statements in VIII.
[2] A-- *Quelque chose que l'homme soit instruyt.*
[3] A-- *Impossible est d'avoir en guerre bruyt.*
[4] A, B-- *fuyt.*
[5] Oesterley, XXX (XXIX), "De pecato et judicio," pp. 328-9; Swan-Hooper, XXX, "How a certain king treated his generals when victorious," pp. 63-4.

bataille auroyent trois manieres d'honneur. Advint que ung preux chevalier fut commis par le roy aller en certaine bataille contre ses ennemis où se gouverna si bien et si sagement qu'il obtint la victoire et amena plusieurs prisonniers.

Le roy, adverty de ce cas, fist preparer ung chariot triumphal, lequel chariot menoyent quatre hacquenees blanches qu'il luy envoya. Le premier honneur estoit que le peuple venoit au devant de lui en grande joyeuseté et lyesse, luy faisant honneur et reverence. Le second que tous les prisonniers estoient derriere son chariot triumphal, les mains lyees et testes nues. Le tiers honneur qu'il estoit en une chaire paree dedens ledit chariot et vestu d'ung riche vestement. Et ainsi estoit conduit jusques au capitolle.

Mais le roy eut en fantasie, affin que tel honneur ne fust moyen de causer orgueil et vaine gloire ès cueurs des victorieux, que aussi lesditz triumphateurs eussent trois manieres de injures. La premiere injure est que on mettoit avec eulx dedens le chariot gens de vile et servile condition, affin que chascun qui les veoit eust esperance de parvenir à tel honneur, si le cas advenoit qu'ilz fussent envoyez en bataille et que ce leur donnast courage de gaigner la victoire. La seconde injure estoit que ung homme aussi de condition servile le battoit en lui baillant de buffes et[6] disant: —Cognois toy-mesmes. Ne soyes point orgueilleux, car tu es homme. La tierce injure estoit qu'il devoit patiemment endurer ce qu'on lui vouldroit dire, quelques obprobres, villenies, hontes ou injures que ce fussent.

APPLICATION

Nous fantasions et povons figurer pour le roy qui a fait telles ordonnances et estatus le pere celeste, et cellui qui a gaigné la bataille pour Jesuchrist. L'ennemy qu'il alloit combatre povons prendre pour le prince infernal, c'est Lucifer. A ce qu'on lui fist trois manieres d'honneur, la premiere peult estre prinse que le jour des rameaulx que vulgairement on dit Pasques fleuries. Plusieurs vindrent au devant de luy tenant en leurs mains palmes, disant à haulte voix: —[H]osanna, filio David.

---

[6] A, B-- *en.*

Le second honneur que les prisonniers alloyent derriere le chariot, testes nues et les mains lyees, nous peult signifier les juifz qui suivoyent Jesuchrist, car ilz estoyent lyez des lyens de peché. Voyant les signes et miracles qu'il faisoit, n'en tenoyent compte, mais persecutoyent son humanité.

Le tiers honneur que le triumphateur estoit vestu d'ung tresriche vestement nous peult figurer la divinté unie interiorement à l'humanité. A ce que quattre hacquenees blanches le conduisoyent, les povons applicquer aux quattre evangelistes qui ont parlé de sa divinité et humanité.

Contre les trois honneurs triple injure fut faicte à l'homme victorieux. La premiere, qui[7] estoit que ung homme de condition servile estoit avec lui en son chariot, povons figurer par le mauvais larron. La seconde qu'il estoit batu, colaphisé par les juifz qui battirent Jesuchrist disans: —Prophetise, qui t'a frappé?

La tierce injure: on disoit au triumphateur toutes les villennies qu'on vouloit. Par ce povons specifier que les juifz cracherent contre la precieuse face de Jesuchrist et lui dirent plusieurs opprobres et villenies qu'il endura patiemment.

---

[7] A, B-- *qui* lacks.

XVI

DE RICHESSE ET DE MORT

Chascun desire avoir des biens mondains;[1]
Et si ne fault que deux hazars soubdains
Pour perdre tout: c'est le point où me fonde.
Empereurs, roys, princes et tous leurs trains
Recevoir mort aussi bien sont contrains,
Comme sont gens peu riches en ce monde.
Dequoy nous sert force et belle faconde,
Puis que subgectz nous sommes à la mort,
Et que en nos corps vile matiere habonde?
Fuyons peché qui l'ame picque et mort.   10

Fuyons peché qui l'ame picque et mort.
A servir Dieu mettons tout nostre effort.
Faisons du bien tant que sommes en vie.
Car il n'y a si hardy ne si fort,
Jeune ne vieil, soit à droit ou à tort,
Que à son bancquet Attropos[2] ne convie.
Laissons orgueil. N'ayons de biens envie.
Taschons gaigner l'heritage des cieulx,
Et nostre chair soit de peu assouvie.
Aussi tost meurt le jeune que le vieulx.   20

---

[1] The verse pattern (aabaabbcbC CcdccddedE ...) comprises a partial imitation of the so-called *ballade fatrisée*. Gringore's version differs in that no line is repeated more than twice. See E. Langlois, *Recueil d'arts de seconde rhétorique* (Paris, 1902), pp. 301-2.

[2] One of the three Fates (Myth.).

Aussi tost meurt le jeune que le vieulx.
Il n'y a nul, soit juste ou vicieux,
Qui en eschappe en aucune maniere.
Et toutesfois on doit fuyr les lieux
Où se sont mors gens pestillencieux.
Nature veult qu'on s'en retire arriere.
La chair humaine est precieuse et chiere.
Posé qu'el soit plaine de vilité,
L'ung meurt tout jeun, l'autre faisant grant chiere,
Par accident ou par debilité. 30

Par accident ou par debilité
Finons nos jours; et n'est habilité,
Force, scavoir qui garder nous en puisse.
Se nous avons plaisir, transquilité,
Hors d'avec nous chassons humilité,
Et ne craignons point que Dieu nous pugnice.
Nous assemblons souvent vice sur vice
Et biens mondains acquis injustement.
Il fault doubter la divine justice.
Quand nous mourons, nous ne scavons comment. 40

Quant nous mourons, nous ne scavons comment.
Nostre ame va selon le jugement
De Dieu. El est ou saulvee ou dampnee;
Parquoy devons continuellement
Faire du bien, servant devotement
Cellui par qui grace nous est donnee.
Si nous laissons nostre ame habandonnee
A tous plaisirs, nous en dirons, helas.
Selon ses faictz el sera guerdonnee.
Grant dueil souvent vient apres grant soulas. 50

Grant dueil souvent vient apres grant soulas.
Qui sans peine est né sent le mal du las.
L'oeil son regard en lieux vicieux fische.
Le dyable tend incessamment ses las,
Et si tu veulx grace impetrer, tu l'as.
La departir jamais Dieu ne fut chiche.

Si est requis noter ceste rebriche
Que tous mondains tournent en pourriture.
Mais on ne scait qui est le povre ou riche,
Quant trouvez sont dedens leur sepulture.   60

EXEMPLE[3]

Il fut ung empereur qui fut puissant et vertueux, mais il eut en sa fantasie conquerir plusieurs royaulmes; ce qu'il fist. Toutesfois, estant en ceste fantasie, il alla de vie à trespas. Et ainsi qu'on le ensevelissoit pour le mettre en son sepulchre, y vindrent[4] gens de plusieurs estatz qui devisoyent de choses differentes. Et[5] l'ung d'iceulx dist telz motz: —L'empereur faisoit tresor de or, et maintenent or fait tresor de lui. Ung autre dist: —Il ne suffisoit à l'empereur avoir les trois pars du monde, mais aujourdhui ung drap de trois aulnes lui suffist.

Quelcun en devisant dist: —L'empereur commandoit hyer au peuple, et maintenant le peuple luy commande. L'autre dist: —L'empereur avoit hyer puissance de en delivrer plusieurs de mort, mais il n'a sceu eviter la mort.

Ung quidam disoit: —Il foulloit hier la terre, et aujourd'hui la terre le foullera. Ung autre dist: —L'empereur se faisoit hier craindre à ung chascun, mais aujourdhui chascun le repute ort et detestable. L'autre disoit: —L'empereur a eu plusieurs amis, mais maintenant il n'en a pas ung. L'autre dist: —L'empereur menoit hier tresgrant excercité, et maintenant l'excercité le met en sepulture.

MORALITÉ

On pourroit appliquer cest empereur à tous hommes riches en ce monde qui mettent toute leur estude à acquerir mondains biens.

---

[3] Oesterley, XXXI (XXX), "De rigore mortis," pp. 329-30; Swan-Hooper, XXXI, The remarks of certain philosophers on the death of Alexander the Great," pp. 64-5.

[4] A-- *sourvindrent.*

[5] A-- *Et* lacks.

WOODCUT 18

Car voulentiers tant plus qu'on vient pres de la mort et plus veult-on amasser sans vouloir labourer pour l'ame qui est en peine.

    Ceulx qui sont venus visiter l'empereur et dit plusieurs choses de luy, on les peult applicquer aux expositeurs de la saincte Escripture. A ce qu'il est riche d'or, argent et biens mondains, c'est à dire que les mondains doyvent faire tresors de vertus, accomplissant les oeuvres de misericorde. Et par ainsi il quiert[6] tresor au ciel pour son ame. C'est pourquoy aucuns veullent dire: —Le monde ne suffit à l'or, car plus on en a et plus en veult-on avoir, qui est grant follie, car le monde nous fault à la mort, on le voit. Et au departir on n'emporte seullement que ung suaire de toille. Quant les riches sont en vie, ilz commandent aux povres, et apres leur trespas les povres leur commandent. Durant la vie ilz peu[v]ent delivrer plusieurs de mort, et toutesfois quelque richesse qu'ilz ayent, ilz ne scauroyent eviter la mort. Les riches durant leur vie sont possesseurs et dominateurs de la terre, mais apres leur mort la terre a domination de leur corps et est consommé par elle. Tandis que l'homme riche vit, il est craint et doubté, car il est dit: —Face d'homme, face de lyon. Mais apres la mort on est reputé ort et abhominable. Pareillement l'homme riche a durant sa vie plusieurs amys, mais apres la mort chascun le defuyt, et demeure seul et habandonné. Quant il vit, il peult mener plusieurs gens apres luy. Aussi, apres sa mort plusieurs le suivent quant on le met en sepulture. Ainsi fine nostre miserable vie mondaine; parquoy devons durant nostre vie faire du bien affin de avoir la vie eternelle, c'est paradis.

---

[6] A, B-- *acquiert*.

XVII

DE L'EXECRABLE TROMPERIE DES MAUVAISES FEMMES

RONDEAU[1]

Au temps present on voyt hommes rusez,
Et toutesfois souvent sont abusez,
Deceus, trompez par parolle de femme,
Tant qu'en la fin en ont reproche et blasme.
Leurs corps, leurs biens en sont perdus, usez.

  Se le plaisir des dames reffusez,
Force sera que apres elles musez
Une autre fois, ou vous feront infame
    Au temps present.

  Passez le temps, caquetez, devisez
Tout vostre saoul, mais si vous n'avisez
A leur bailler la naturelle dragme
Ou foncer pluc, vous n'aurez plus de dame,
Car leurs engins sont par trop esguisez
    Au temps present.

  Pour le jourdhuy on voyt des femmes gentes[2]
Faire plaisir estre tresdiligentes,

---

[1] A *rondeau double* or *nouveau*: Aabba aabR aabbaR.
[2] Same form as preceeding rondeau.

De soy parer pour amans conquester.
Du premier coup les veullent bien traicter,
Mais au partir à peine sont contentes. 20

   Aucuns souvent mettent leurs biens en ventes
Que de happer ne sont point negligentes.
De demander ont loy, non de prester
      Pour le jourdhuy.

   En vos maisons se monstrent gayes et gentes;
De babiller ilz font feu, mais absentes,
D'autres y vont jour, nuyt les descroter.
Ouvrieres sont de leurs engins prester
Promesses assez, à tenir differentes,
      Pour le jourdhuy. 30

RONDEAU[3]

Femme souvent est par femme deceue,
Si en son cueur a finesse conceue,
El vous fera de vos amours jouyr.
La femme appete une autre femme ouyr.
En secret est mieulx que ung homme receue.
Femme souvent est par femme deceue.

   Dedens l'eglise, à l'entree ou l'yssue,
Se une femme a autre femme apperceue,
Ilz peuvent parler, caqueter, s'esjouyr
Là où ung homme on contraindroit fouyr, 40
Se le mary sa venue avoit sceue
Dedens l'eglise à l'entree ou l'yssue.

   Quant ung amant est si ravy qu'il sue
Belle parolle en bouche bien tyssue,

---

[3] A curious variation of the rondeau in that the same two rhymes are repeated in the three strophes but without the usual repetition of refrain or *rentrement*: AabbaA A¹abbaA¹ A²abbaA².

Lui sert beacoup se on le laisse rouyr
Longue saison. Mieulx lui vauldroit brouyr
Dedens ung feu, ou porter la massue,
Quant ung amant est si ravy qu'il sue.

RONDEAU

Une putain vieille qui plus ne peult
Jouer des reins, et devient macquerelle,
C'est grant danger frequenter avec elle,
Car qui la croit, à la fin[4] il s'en deult.

Si employer son mauvais engin veult,
A son plaisir fera d'une pucelle
Une putain.

A faire mal autres femmes esmeult,
Voulant songer tousjours quelque cautelle.
Fuyr les[5] fault comme peste mortelle.
Vertu la chasse, et faulceté la meult,
Une putain.

Femmes qui sont messagieres d'amours[6]
Commettent cas villains et execrables.
Ilz ont ung art plus subtil que les dyables.
Quant privees sont en villes, maisons, tours,
Aux amoureux font faire maintz estours ;
Puis on les loge au renc des miserables.
Femmes qui sont messagieres d'amours
Commettent cas villains et execrables.

Vers vous viendront en disant motz louables
Soit à Paris, Rouen, Lyon[7] ou Tours.

---

[4] A, B-- *Car qui l'auroit en la fin.*
[5] A-- *la.*
[6] Irregular *rondeau redoublé.*
[7] A, B-- *Lyon, Rouen.*

WOODCUT 19

Ilz ont ung art plus subtil que les dyables.
Quant privees sont en maisons, villes, tours,
C'est leur plaisir de jouer de fins tours.
Apres qu'ilz ont deceues dames traictables,
Aux amoureux font faire maintz estours;
Puis on les loge au renc des miserables.

Commettent cas villains et execrables,
Femmes qui sont messagieres d'amours.
A vostre advis, doyvent-ilz avoir cours?
Je dy que non. Ilz trompent leurs semblables. 80
Quant sont privees en villes, maisons, tours,
Ilz ont ung art plus subtil que les dyables.
Bigoterie est en leurs rains ou rables.
Honneur est mis par elles en decours.
Puis on les loge au renc des miserables.
Aux amoreux font faire maintz estours,
Femmes qui sont messagieres d'amours

EXEMPLE[8]

Il fut ung tresnoble et prudent chevalier qui eut voulenté et fantasie aller en ung loingtain pelerinage. Or, est-il[9] ainsi qu'il avoit espousé une tresbelle dame courtoise et saige qui se gouvernoit honnestement avec lui sans faulser sa foy; ce qui le meut ne lui bailler aucune garde, car il se fyoit en elle. Se partirent amoureusement l'ung d'avec l'autre. Le chevalier alla en son voyage, et la femme demoura en sa[10] maison où se gouverna chastement.

Advint ung jour qu'elle fut priee d'une sienne voisine pour disner en sa maison, ce qu'elle accorda. Et là firent les deux dames ung

---

[8] Oesterley, XXVIII (XVII), "De inexecrabili dolo vetularum," pp. 325-7; Swan-Hooper, XXVIII, "How through the cunning of an old woman, a youth obtained the love of a noble married lady," pp. 60-2.
[9] A, B-- *il* lacks.
[10] A, B-- *la*.

repas gracieux, parlant de toute honnesteté.[11] Apres le repas et graces rendues à Dieu, la dame retourna en sa maison.

Or, y eut-il ung jeune escuyer qui par temptation dyabolique, quant il la vit cheminer par la rue, fut esprins de son amour. Toutesfois il ne se osa enhardir de lui declarer son vouloir, mais il pensa lui envoyer ung rondeau et le bailler à l'ung de ses serviteurs le plus feal qu'il eust pour lui porter. Et estoit le rondeau tel:

RONDEAU[12]

Ung cueur hardy qui aime loyaument
Doit estre aimé, voire tresardamment;
Et qui en fait le refus, c'est simplesse.
Quant il choisit sa dame et sa maistresse,
Soit excusé, s'il le fait priveement.   5

   Priere fait affectueusement
Qu'il soit receu, puis que treshumblement
Veult demonstrer que pour vous est en presse
   Ung cueur hardy.

Mandez-lui tost quant, ou quoy, et comment   10
Il vous plaira l'accoller doulcement
Et vous conjoindre ensemble par liesse.[13]
Si congnoistrez sans faulte à quel fin esse
Qu'il vous souhaicte avoir joyeusement
   Ung cueur hardy.   15

L'ACTEUR

La dame receut le rondeau et en fist lecture; si lui sembla assez joyeulx et plaisant. Toutesfois elle considera que elle estoit mariee

---

[11] B-- *firent les esbars d'ung repas gracieux parlant de toute honnesteté durant ce repas. Et...* This passage is missing in C. Probable influence of A on D here.

[12] Another *rondeau nouveau*. Cf. the same form in tale XV.

[13] Indistinct cesura. Cf. feminine ending couplet in the initial strophe.

et que son mary se fyoit en elle, et oultre, qu'elle commettroit ung peché enorme et desplaisant à Dieu si elle obtemperoit à ceste requeste. Se delibera totallement en faire reffus, mais affin que le serviteur messagier ne fust blasmé de retourner sans rendre responce à son maistre, luy fist responce par ung rondeau qui s'ensuit :

RONDEAU[14]

Faire plaisir qui cause deshonneur,
C'est grant follie à dame aimant honneur,
Qui congnoist bien que seroit incensee
D'avoir si tost sa partie offencee
Sans craindre Dieu qui est son vray seigneur. 5

Je congnois bien que soubz faincte couleur
Voulez passer vostre ardante challeur
Avecques moy, dont seroye courroucee
  Faire plaisir.

Cueur trop hardy peult engendrer douleur 10
En demandant chose de grant valleur
Que estime peu vostre folle pensee.
Je n'en vueil point estre recompensee
Touchant ce cas. Pas n'ay si lasche cueur
  Faire plaisir. 15

L'ACTEUR

La noble dame ploya le rondeau, puis le bailla au messagier qui incontinent le fist tenir à son maistre. Mais quant il en eut fait lecture et qu'il cogneut qu'il estoit refusé du tout, fut plus espris de son amour que devant, car de nuict en reposant là songeoit et[15] en veillant ne pensoit à autre chose. Il ne povoit boire ne menger, prendre esbat ne plaisir à chose que on lui sceust faire, qui lui causa

---

[14] *Rondeau nouveau.*
[15] A, B-- *et* lacks.

une tresgriefve maladie. Toutesfois, nonobstant qu'il fust pasle, defait, mesgre et las, quant il scavoit que la dame passoit par aucun lieu, il se presentoit devant elle, affin qu'elle eust pitié de lui. Mais il perdoit temps, car elle estoit ferme en son propos.

Advint ung jour que ce jeune escuyer tout pensif et melencolieux se pourmenoit en une eglise où estoit une vieille bigote qui faignoit menger les crucifix.[16] Mais elle getta son regard vers le jeune escuyer, et, quant elle le vit ainsi triste, s'adressa vers lui, demandant la cause de sa tristesse et melencolie.

Le jeune escuyer lui dist: —Ma mie, que me prouffitera le vous reciter?[17]

La vieille lui dist: —Monseigneur, vous scavez quant ung homme a quelque playe, tant soit-elle secrette, qu'il fault en fin, s'il en veult estre guery, qu'il la monstre au c[h]yrurgien. Aussi, se vous avez sur le cueur aucune chose dont ne povez venir à bout, il le vous fault declarer à gens qui y sachent remedier.

Le jeune escuyer, oyant ainsi parler la vieille, lui dist la cause de sa malladie, lui promettant que se par elle povoit avoir guerison, il lui donneroit ung gros et riche present; ce qu'elle promist faire et en brief temps. Ainsi se departirent l'ung d'avec l'autre.

La vieille alla en sa maison où el[le] nourrissoit une petite chienne qu'elle fist jeusner par l'espace de deux jours. Et au troisiesme jour lui bailla du pain tout couvert de moustarde. La povre chienne avoit si grant fain qu'elle fut contraincte de[18] menger dudit pain qui fut cause lui faire getter grosses larmes des[19] yeulx toute la journee.

Ce fait, ladicte vieille bigotte, accompaignee de sa chienne seullement, alla en la maison de la dame que l'escuyer aimoit si ardamment. Là fut receue amiablement, car elle estoit reputee[20] femme de bien et de bonne vie en tant qu'elle estoit aucunesfois à bigotter en l'esglise depuis le matin jusques apres midy. Ainsi qu'ilz estoyent ensemble parlants de plusieurs matieres, la noble dame advisa

---

[16] One of the rare prose metaphors used by Gringore. See Glossary.
[17] The position of the object pronouns differs from modern usage. Examples of the order used here by Gringore reappear well into the XVIIth century. Vaugelas (*Remarques*, pp. 33-4) cites: ...*je le vous promets.*
[18] A, B-- *de* lacks.
[19] A, B-- *de ses.*
[20] A, B-- *estimee.*

la chienne de la vieille, qui gettoit grosses larmes, dont fut esbahie. Si demanda à la vieille dont cela lui procedoit.

La vieille lui fist responce: —Tresnoble dame, je vous prie, ne me demandez point la cause pourquoy elle pleure incessamment, s'il vous plaist. Et ce me sera plaisir, car elle seuffre une si griefve douleur qu'il est impossible le racompter. Plaisir me ferez de ne vous en enquerir point.

La dame tant plus qu'elle faisoit refus de lui dire le cas, tant plus estoit desirante et active de le scavoir, et contraignit la vieille de lui dire, qui lui fist tel recyt:

—Ceste chienne que voyez ainsi plorante estoit ma propre fille chaste à merveilles, belle et gracieuse, qui fut durant le temps qu'elle portoit corps humain tant aimee d'ung jeune compaignon qu'il la requist par plusieurs fois lui faire plaisir. Mais elle estoit si chaste que jamais n'y voulut consentir pour priere qu'il lui sceust faire, dont il fut si courroucé et ennuyé qu'il lui en survint une malladie contagieuse dont il mourut de dueil et desplaisance. Pour laquelle faulte Dieu la convertit en une chienne, comme vous voyez.

Et en ce disant se print la dicte vieille à plorer, et puis derechief: —Toutes les fois que ma fille pense qu'elle estoit tant belle et que maintenant elle est chienne, elle pleure et ne peut estre consolee, mais par sa douleur incite les autres à plorer.

Ce voyant, la noble dame pensa et dist en soy-mesmes: —Ung jeune escuyer me aime ainsi que ceste fille[21] a esté aimee, et est malade pour mon amour. Et de fait, le racompta à la[22] vieille bigotte qui lui dist:

—O ma treschiere et noble dame, gardez-vous bien de despriser l'amour du jeune escuyer de peur que ne soyez muee en chienne ainsi que fut ma fille, car ce seroit tresgrant[23] dommage.

La noble dame lui demanda conseil sur ce cas. Le conseil de la vieille fut qu'elle envoyast incontinent devers[24] l'escuyer lui prier qu'il vint vers[25] elle. A quoy la dame s'accorda, priant à la vieille qu'elle-mesmes fist le message et qu'elle l'amenast vers[26] elle; ce

---

[21] A, B-- *chienne.*
[22] A, B-- *ladicte.*
[23] A, B-- *ung tresgrant.*
[24] A, B-- *par devers.*
[25] A, B-- *devers.*
[26] A, B-- *devers.*

qu'elle fist. Alla vers[27] l'escuyer qui fut bien joyeulx[28] du rapport. Fut par aucune espace de temps avec la noble dame où accomplit son plaisir. Ainsi, par le moyen de ceste vieille bigotte la noble dame commist adultere.

MORAL

Nous povons figurer ce chevalier à Jesuchrist et sa femme à l'ame chaste et belle purgee par baptesme, à laquelle Dieu a donné son liberal arbitre, quant il alla en pelerinage de ce monde au ciel par devers Dieu son pere. Ceste femme que prenons pour l'ame est priee d'aller à quelque bancquet toutes et quantesfois qu'elle est incline à charnelles concupiscences. Le jeune escuyer povons prendre pour la vanité mondaine, lequel incite ladicte dame à faire son plaisir, qui se peut entendre que vanité[29] mondaine incite l'ame à volupté charnelle. Et se elle n'y veult consentir, la vieille vient, par laquelle povons figurer le dyable qui cherche tousjours à prendre quelque ame. Et affin qu'elle consente à peché, lui monstre la chienne plorante que povons figurer pour esperance de longue vie et presumption trop grande d'avoir la misericorde de Dieu, laquelle presumption ont tous ceulx qui sont enclins à pecher. Et tout ainsi que la chienne ploroit pour la moustarde, povons presupposer que esperance tourmente l'ame en telle facon qu'elle consent à peché. Si nous voulons doncques garder chasteté et eviter les deceptions mondaines, fuyons le monde pource qu'il n'y a que orgueil, desir d'avoir et concupiscence charnelle.

---

[27] A, B-- *devers*.
[28] A, B-- *tresjoyeulx*.
[29] A, B-- *la vanité*.

XVIII

COMME AVARICE OFFUSQUE L'ENTENDEMENT DE PLUSIEURS
PERSONNES ; ET LES DANGERS QUI VIENNENT DE FREQUENTER
TAVERNES

De hanter jeux, tavernes et bordeaulx
Ne vint onc bien. Peu y vont gens feaulx.
Au vrai parler, c'est une mocquerie.
Souvent en jeu on trouve pipereaulx
Et au bordeau putains et macquereaulx.
En la taverne on fait gaudisserie.
Buvant d'autant, on chante, on brayt, on crye.
On fait marchez souvent pour en sortir.
Apres dormir on s'en veult repentir.

Je ne dis pas que en taverne on ne voise. 10
Gens bien famez y vont sans faire noise,
Faisans marchez qui coustent grans deniers.
Les gros marchans y font chose qui poise,
Car l'estrangier bien souvent se privoise[1]
De ceulx qui sont residens ès quartiers.
Mais simples gens d'y aller coustumiers
Pour se enyvrer vallent pis que incensez,
Car au retour ilz sont fort courroucez.

Telz povres gens font trop de folz marchez.
Ilz perdent temps, et si sont desbauchez. 20
Au revenir crient, battent, tempestent.

---

[1] A, B-- *se aprivoise.*

Tant yvres sont qu'il fault qu'ilz soyent couchez.
Quelque raison en[2] iceulx ne cherchez.
Jouer, jurer ou mal parler s'apprestent,
Mais l'endemain au matin qu'ilz se vestent,
Ilz sont pensifz. La cervelle leur loche.
Plus sont pesneux que le fondeur de cloche.

   Se assemblez sont pour disner ou soupper,
L'ung a desir vouloir l'autre tromper,
Et tous les jours ilz frequentent ensemble.   30
N'y a cellui qui ne veuille happer
Quelque marché pour ung trou estoupper.
De l'une main font l'autre, ce me semble.
Mais quant ennuy gens desassemble,
Ilz vont jouer à la paulme ou aux billes.
Tousjours y a des dresseurs de coquilles.

   L'ung joue le sien sans droit et sans raison,[3]
Tandis ses gens perdent temps et saison.
En leur eschoppe ilz n'ont dequoy ouvrer.
Et l'autre dit: —Quelque chose faison[s]   40
Pour cest escot. Icy trop devison[s].
Il n'en fault que ung pour tous nous delivrer.
Le temps perdu nul ne peult recouvrer.
S'ilz scavoyent bien entendre ce proverbe,
Ne mengeroyent ainsi leur blé en herbe.

   En la taverne il n'est memoire rendre
Graces à Dieu. On le peult bien entendre.
Il est bien vray qu'on parle assez de lui.
L'ung par le corps et teste le veult prendre.
L'autre regnie: —Il le me fault tant vendre;   50
Tant m'a cousté. C'est l'estat du jourdhui.
Au tavernier font percer nouveau muy
Et chair sallee apporter des aumeres.
A coulombz saoulz cerises sont ameres.

---

   [2] A, B-- *à iceulx.*
   [3] A, B-- *le sien contre droit et raison.*

WOODCUT 20

Aucunesfois discord, noise se meult
Apres bon vin. Chascun maistre estre veult.
Il s'en ensuit injures et reproches
Tant que à grant peine accorder on les peult.
L'ung blesse l'autre. En fin quelcun s'en deult.
Dessus leurs corps ou leurs glaives font oches.   60
Soubdain il fault mettre le rost en broches
Pour appoincter. Cela est tout notoire.
Et puis apres recommencer à boire.

D'aucuns aussi achetent à devoir
La marchandise, et ne la peu[v]ent avoir
Sans se obliger ou le corps ou les biens.
S'ilz sont hastifz deniers en recevoir,
Marché se fait, mais on peult bien scavoir
La revendant qu'ilz n'y acquestent riens.
Le terme vient. Force est trouver moyens   70
Du crediteur contenter. C'est raison :
Ou bailler biens, ou aller en prison.

EXEMPLE[4]

Il fut ung roy piteux et misericordieux qui eut en sa fantasie ordonner telle loy que durant son regne tout homme aveugle auroit tous les ans à certain jour lymité cent solz; parquoy plusieurs aveugles se faisoyent conduire et amener au lieu cedict jour.

Durant ce temps arriverent en la ville vingt et trois compaignons gaudisseurs et grands buveurs, deliberez de faire bonne chere. Entrerent en une taverne ou furent receus par le tavernier qui les traicta tresbien. Ilz trouverent le vin si bon qu'ilz y sejournerent l'espace de sept jours. Au bout des sept jours firent compte. Le compte fait, chascun mist son argent sur table, mais ilz avoient plus despen-

---

[4] Oesterley, LXXIII (LXV), "De avaritia quod multos excecat," pp. 388-9; Swan-Hooper, LXXIII, "How a certain fellow, desiring to cheat others, lost his eyes without getting any advantage," pp. 129-30.

du que leur argent ne montoit jusques à la somme de cent solz, dont vouloyent faire creance au tavernier qui en fist reffus et ferma son huis, disant que jamais ne partiroyent de là tant qu'il fust payé. Les compaignons estoyent tous esbahis et ne sceurent plus que dire ne quelle contenance tenir fors regarder[5] l'ung l'autre.

Entre les autres il y en eut ung qui dist: —Ne vous souciez. Se me voulez croire, il n'y aura que l'ung d'entre nous qui payera les cent solz, presupposé qu'il n'y ait celui qui ait denier ne maille. Vous scavez que le roy a fait edict que tout homme qui est aveugle aura cent solz. Nous sommes vingt et trois. Faisons ung sort, et cellui à qui il adviendra, les autres lui creveront les yeulx. Puis sera mené à la court du roy où il recevra les cent solz pour nous acquitter; de laquelle invencion furent tous contents. Getterent le sort ainsi qu'il appartenoit, mais le sort tumba sur celluy qui avoit trouvé l'invencion; parquoy il fut prins par ses compaignons qui lui creverent les yeulx. Et puis il fut mené au palais du roy où on departoit aux aveugles l'argent predict.

Ilz heurterent à la porte, disans au portier la cause de leur venue. Il en advertist le maistre d'hostel ayant la charge de faire ce[6] payement. Il lui demanda les cents solz, ce qu'il refusa de bailler apres ce[7] qu'il eut regardé tout à loisir ledit aveugle, et aussi que par toute la ville estoit mencion comme on lui avoit crevez les yeulx, dont il avoit ouy nouvelle.

Lui fist telle responce: —Je te ay veu passé a six jours en ceste ville dedens une taverne faire bonne chiere, bien garny et muny de deux yeulx. Et j'entendz que par ta follie tu es cause que on te les a cernez. La loi n'est pas ainsi ordonné, car celui qui l'a faicte entend que qui par maladie ou autre cas fortuit, sans qu'il en soit cause et n'aura eu puissance de y resister, il obtiendra le benefice de la loy. Au regard de toy qui as voluntairement souffert oster tes yeulx, mesmement as inventé le sort qui est cause de ton inconvenient par quoy tu es aveugle, tu n'es pas digne d'avoir le benefice ordonné par la loy. Et pour ce va chercher proye autre part, car la cuider icy avoir,[8] c'est peine perdu.

---

[5] A, B-- *fors que regarder.*
[6] A, B-- *tel.*
[7] The neuter demonstrative in this position was used frequently until the XVIIth century to announce emphatically the following clause.
[8] A, B-- *avoir* lacks.

Le povre aveugle tout confus s'en retourna plain de honte et de douleur.

MORAL

La loy de Dieu est telle que tout homme qui ignoramment a[9] quelque maladie ou temptation dyabolicque, s'il est confessé et repentant de son peché, à toute heure qu'il en demandera pardon à Dieu, il lui fera misericorde et grace. Car on peult faire comparaison d'ung aveugle à ung pecheur. Mais si d'aventure quelcun de propos deliberé et subtille malice commet peché mortel et a peine,[10] le peché lui pourra estre pardonné.

On pourroit entendre par le tavernier qui recoit toutes manieres de gens en sa taverne le dyable qui recoit en son gouffre d'enfer toutes ames qui y trebuschent. Et pour ce evitons peché, et fuyons la taverne infernalle.

---

[9] A, B-- *par.*
[10] A, B-- *mortel à peine.*

XIX

DE AMOUR DESORDONNEE

   Se les enfans
Sont triumphans
En leur jeune aage,
Quant ilz sont grans,
Fors et puissans,
Muent de couraige.
L'ung fait oultraige
Et l'autre est saige.
De subtilz en est, de ygnorans.
Brief, c'est ung naturel ouvrage   10
Qui à congnoistre est fort sauvage,
Car bien ou mal sont desirans.

   Ne fault tascher
Vouloir coucher
Filz avec mere.
Chair esmeult chair.
Le reprocher
Est chose amere.
Seur avec frere
Mettre on differe.   20
Cela peult l'homme trop toucher.
Ostez filles d'avec le pere.
Quant nature mondains supere,
Le dyable veult d'eulx approcher.

   Se ne advisons
Ce que faisons,

Peu on nous prise.
Nos desraisons
Euvrent prisons
Que à peine on brise.
Qui à sa guise
Le feu atise
Et le met au pres des tysons.
Il brusle et art, non par faintise,
Dont fault que la flame en reluyse ;
Parquoy on voit les mesprisons.

   Peché commis
Avec amis
L'honneur rabesse,
Et n'est permis
Qu'il soit desmis
Pour or, richesse.
Qui ne confesse,
Plorant sans cesse,
Le vice auquel on s'est submis?
Et que le prestre le congnoisse
Pour bailler penitence expresse,
Jamais ne peult estre remys.

   Dire convient
Dont le mal vient
Et rendre compte.
Mais s'il advient
Qu'on en devient
Remply de honte,
Ou que orgueil monte
Qui nous surmonte
Quant la langue nous lye et tient,
Chassons-lay hors. N'en faisons compte.
Confessons que peché nous dompte
Et que vertu l'ame soustient.

   Qui peché fait,
Il se forfait

Le corps et l'ame.
Dieu tout parfait
Veult en effect
Qu'on fuye diffame.
Seigneur ou dame
Qui acquiert blasme,
Sa gloire et honneur contrefaict.
Mais se en necessité reclame   70
La vierge Marie, el enflame
Les cueurs de vertu et refaict.

EXEMPLE[1]

Il fut ung roy qui print par mariage une tresbelle, noble et honneste princesse; lesquelz aimerent l'ung l'autre parfaictement.

Or advint que la dame conceut et enfanta ung enfant masle, et ne eust sceu dormir s'il n'eust esté toujours couché au pres d'elle. Au bout de trois ans le roy alla de vie à trespas, pour la mort duquel tout le peuple fist plusieurs grans[2] regretz et la royne souspirs, pleurs et lamentations.

Apres les obseques du roy la reine eut en fantasie de[3] se retirer en ung sien chasteau et là maintenir honnestement l'estat de viduité. Mais continuellement son fils estoit avec elle, buvant et mengeant à sa table, et mesmement couchoit avec elle sans autre compaignie jusques à[4] l'aage de dix-huit ans passez.

Le dyable voyant l'amour qui estoit entre la mere et le filz les incita à commettre l'ort villain peché de inceste, car le filz congneut charnellement sa mere. Tant continuerent ce peché qu'elle conceut et devint grosse d'enfant tout vif. Quant le filz entendit qu'il avoit engendré ung enfant à sa propre mere et qu'il avoit maculé et polu le lieu dont il estoit yssu, et aussi le peché de inceste et luxure qu'il

---

[1] Oesterley, XIII, "De amore inordinato," pp. 291-4; Swan-Hooper, XIII, "A queen commits incest, but being penitent is saved," pp. 26-7.
[2] A, B-- *grans* lacks.
[3] A, B-- *de* lacks.
[4] A, B-- *en*.

WOODCUT 21

avoit commis, fut esmeu de si grande douleur qu'il habandonna mere et royaulme et s'en alla en estrange pays faire penitence.

La royne au bout du terme enfanta ung[5] bel enfant masle. Et ce voyant, toute esmeue et hors de raison, se fantasia de l'estrangler et mettre à mort; ce qu'elle fist sans en avoir pitié ne misericorde. Mais en l'estranglant tomberent sur sa main trois goutes de sang qui furent en la façon de trois *O O O*.[6] Apres l'homicide fait la royne cuida oster les trois *O O O* en facon de cercles sanguins. Mais pour quelque chose qu'elle sceust faire, ne peut trouver maniere de les effacer, dont elle estoit toute honteuse, tellement qu'elle fut contraincte avoir ung[7] gan[t] en sa main, car elle craignoit que on veist lesdictz cercles.

Ceste royne servoit bien[8] devotement la vierge Marie. Et toutesfois elle avoit tousjours ung couroux secret dedens son cueur quant il lui souvenoit que elle avoit conceu de son filz et enfanté ung enfant qu'elle avoit occis et mis à mort.[9] Et si de honte ne l'osoit confesser à personne, nonobstant que de tous les autres pechez se confessoit toutes les sepmaines deux fois et faisoit plusieurs aulmosnes charitables à l'[h]onneur et louenge de la glorieuse vierge Marie. Et estoit si gracieulse à chascun que tout le peuple l'aimoit.

Il advint ung jour, comme son confesseur estoit à genoulx devant l'ymage de la vierge Marie où il disoit la salutacion angelicque tresdevotement, la vierge Marie qui veult remunerer ses serviteurs et ne permet qu'ilz soyent pugnis eternellement s'apparut à lui en disant:

—Prestre devot, j'ay ton service aggreable. Je congnois que la royne a accoustume[10] de se confesser à toy. Toutesfois elle a commis ung tresenorme et vil peché qu'elle tient enfermé dedens son cueur et ne l'ose confesser pour la honte qu'elle a. Elle est deliberee demain se confesser. Et elle venue, tu lui diras que ses oraisons et aulmosnes à ma requeste sont aggreables par devant mon pere et filz. Et aussi que je lui commande qu'elle se confesse du peché qu'elle tient enclos en sa pensee, et en ce faisant il lui est pardonné. Et si elle ne veult adjouster foy en tes parolles, prie lui qu'elle

---

[5] A, B-- *d'ung*.
[6] In light of what follows, the three circles should be increased to four.
[7] A, B-- *avoir continuellement ung*.
[8] A, B-- *bien* lacks.
[9] A, B-- *et mis à mort* lacks.
[10] A, B-- *coustume*.

oste son gan[t] de sa main et incontinent verras le peché perpetré qu'elle ne veult confesser ne dire. Toutesfois, se elle fait refus de l'oster, je te commande lui oster[11] à force.

Apres ces parolles la vierge Marie se disparut, et demoura le devot prestre tout consolé de la vision. L'endemain au matin la royne vint par devers lui et se confessa de tous ses pechez, excepté du peché dessusdict.

Le prestre lui dist: —Ma dame, dictes-moy hardiement ung secret peché que vous[12] tenez enclos en vostre pensee. Et n'ayez point de honte, car la vierge Marie s'est apparue à moy, qui m'a dit qu'elle a pris à gré vos services et aulmosnes et que vostre peché vous est pardonné par son filz, si vous le voulez confesser.

Mais de ce faire fist refus, car pour priere qu'il lui sceust faire, ne le voulut confesser. Et voyant qu'elle estoit obstinee, lui pria affectueusement qu'elle ostast son gan[t] et lui monstrast sa main. Mais pour priere ne requeste qu'il sceust faire, ne le voulut oster.

Toutesfois elle se excusa en disant: —Je n'ay pas la main saine, et ne veuil[13] que homme la voye.

Nonobstant ses excusations le prestre trouva moyen de lui oster le gan[t] dont elle fut tresmal contente. Et ce voyant[14] le prestre la rappaisa au mieulx qu'il luy fut possible en lui disant doulcement: —Ma dame, pardonnez-moy, car[15] je n'ay fait chose que la vierge Marie ne me ait commandé; ce qui contenta aucunement la noble royne.

Incontinent le gan[t] osté le prestre apperceut les quattre cercles tous senglans. Au premier cercle estoyent *c c c c,* à l'entour duquel estoit escript: *Casu cecidisti carne cecata,* c'est à dire, *tu es cheuste par cas aveuglee de charnalité.* Au[16] cercle second estoyent *d d d d* où estoit escript: *Demoni dedisti dona donata,* c'est à dire, *tu as donné au dyable les dons que Dieu te a donnez.* Au troisiesme cercle estoyent *m m m m* où estoit escript: *Monstrat manifeste manus maculata;* c'est à dire, *ta main macullee le monstre manifestement.*

---

[11] Ellipsis of the direct object. See Brunot and Bruneau, *Grammaire hist.,* pp. 491-2.
[12] A, B-- *vous* lacks.
[13] A-- *et je ne veuil.*
[14] A, B-- *considerant.*
[15] A, B-- *car* lacks.
[16] A, B-- *Du.*

A l'entour du quattriesme cercle estoyent *r r r r* où estoit escript: *Recedit rubigo regina rogata,* c'est à dire, *la honte se pert apres que la royne est priee.*

Quant la noble royne ouyt ainsi parler son confesseur, elle congneut que son peché luy estoit manifeste. Et incontinent avecques grande effusion de larmes se prosterna à deulx[17] genoulx devant son confeseur, auquel confessa par grande contriction et repentance son peché commis, lequel elle avoit par si longue espace de temps celé. Et par ainsi elle obtint absolution. Et apres la penitence enjoincte par elle faicte trespassa et obtint l'eternelle gloire.

MORALITÉ

Nous povons fantasier et applicquer ceste royne à nature humaine, et son filz à delectation charnelle, le filz occis et tué au genre humain. Quant nature humaine par la bouche de Adam mordit en la pomme, elle engendra ung filz que nous appellons tout le genre humain qu'elle a tué et occis par peché mortel, dont le sang que nous prenons pour peché fut si notoire qu'il estoit impossible le celer fors seullement par ung gan[t], par lequel povons figurer nostre fragillité.

Or, ne povoit jamais estre effacé nostre peché fors par le merite de la passion de Jesus. Nous povons appliquer le confesseur au sainct esperit qui a visité la vierge Marie dont elle a conceu ung beau filz par lequel nous sommes saulvez.

Toutesfois en nostre main estoyent quattre cercles. Le premier cercle prenons pour cogitation ou pensee, de laquelle procede le peché. Le second pour delectation. Le tiers pour consentement. Et le quart pour l'effect du peché. De telz quattre cercles estoit signé Adam quant il pecha, et nous aussi en sommes signez quant nous pechons.

Au premier cercle[18] estoyent *c c c c. Casu cecidisti carne cecata. Casu* peult estre dit le dyable par lequel tout le genre humain est perdu. *Cecidisti*: Tu es cheu en enfer. *Carne*: en frigidité, malladies et plusieurs miseres. Tu as esté créé en paradis sans aucune

---

[17] A, B-- *deulx* lacks.
[18] A, B-- *cercle* lacks.

faulte, mais pour le peché de ton premier pere tu es enveloppé de toutes ces miseres. *Cecata*: Tu es faict aveugle, car par ce peché as perdu la vision de Dieu et des joyes celestielles de paradis.

Au second cercle estoyent *d d d d. Demoni dedisti dona donata.* *Demoni dedisti*: Tu as donné ton ame au dyable quant tu as peché et offencé Dieu le createur mortellement, comme fist le premier homme quant il mengea de la pomme à luy deffendue. *Dona donata* se peult entendre: les vertus dequoy Dieu t'a aorné et donnees au sainct[19] baptesme. Et tu les as donnees au dyable d'enfer[20] en lui obeissant à ses persuasions.

Par les *m m m m* il est assez notoire en quelle povreté nous sommes, car premierement nous estions faictz et creez pour non jamais mourir. Mais pour ce mauldit[21] peché nous sommes faictz mortelz[22] *Manus maculata*: car toutes nos oeuvres, quelles qu'ilz soyent bonnes, ne eussent sceu garder le genre humain de tresbuscher en enfer.

Au quatriesme cercle estoyent *r r r r. Recedit rubigo regina rogata.* *Recedit*: la charge du peché est ostee par la passion de Jesuchrist. *Rubigo*: peché originel par baptesme. *Regina*: c'est à dire, la vierge Marie par sa benoiste conception quant elle a conceu du sainct esperit. *Rogata*: elle est mediatrice entre Dieu et l'homme. Car par la supernaturelle conception de son filz, joyeuse nativité, douloureuse circuncision, tresamere passion, glorieuse resurrection et admirable ascension nous povons parvenir à la gloire eternelle.

---

[19] A, B-- *sainct* lacks.
[20] A, B-- *d'enfer* lacks.
[21] A, B-- *mauldit* lacks.
[22] Gringore eliminates the formula "monstrat Manifeste." The Oesterley version of the *Gesta* reads (p. 294): "In tercio circulo quatuor M, que dicebant: Monstrat Manifeste, i. e. jam satis aperte patet, in qua miseria sumus positi, quia primo creati eramus ut nunquam moreremur, sed propter peccatum mortales facti sumus."

XX

DE COMMETTRE HOMICIDE SANS Y PENSER

Il fault penser à ce qu'on fait
Sans estre trop chault ou hastif.
On peult soubdain faire ung forfait,
Dont apres on est fugitif
Et par long temps songeart, pensif
Pour la deffaulte ainsi commise,
Sans avoir pardon de l'estrif,
C'est que Dieu y ait la main mise.

Se de cas de fortune advient
Que ayons fait quelque forfaicture, 10
Repentir il nous en convient
Par raison et selon droicture,
Corrigeant la fresle nature
Qui a l'esprit fantasieux,
Car tous sommes en adventure
Soubz le povoir du roy des cieulx.

L'homme à peine se peult garder
De fortune predestinee;
Parquoy il doit bien regarder
Ne avoir la pensee obstinee; 20
S'il a voulenté indignee,
Se refroidir tout à loysir.
A peine on passe la journee
Sans avoir quelque desplaisir.

Il est requis aucuneffois
Habandonner ses pere et mere,
Suyvre cours des princes et roys,
Posé qu'on y ait peine amere.
Mais qui y sert bien et differe,
Obeyssant à son seigneur,   30
On peult estre hors de misere
Et parvenir à grant honneur.

Nous avons de simples gens veus
Avoir ès cours grant avantage,
Les ungs en l'eglise pourvueus,
Et les autres par mariage.
N'y a que d'avoir bon courage
Et faire son cas par moyen,
Mais qu'on ait une femme sage,
Le demourant se porte bien.   40

Femme doit aimer les parens
Du mary. Par bonne maniere
N'avoir avec eulx differens,
Gettant debatz, discordz arriere,
Mais faire avec eulx bonne chiere.
La femme par ce point sera
De son espoux amie treschiere
Et jamais ne la laissera.

Femme qui aime son mary
A tousjours ses parens en grace.   50
S'el le voyt courcé ou marry,
Ne doit avoir joyeuse face,
Mais en tout lieu et toute place
Le conforter au mieulx qu'el peult.
Tout deuil et tout courroux s'efface
Quant l'ung veulx ce que l'aultre veult.

Se à l'homme vient necessité,
Qui a femme de bonne sorte,
Moytié de son adversité

WOODCUT 22

Sans doubter dedens son cueur porte.
Et quant l'ung l'autre reconforte
Tant ayent le cueur navré, pressé.
S'ilz ont amitié et foy forte,
N'est courroux qui ne soit laissé.

EXEMPLE[1]

Il fut ung noble homme et une noble dame conjoinctz par mariage qui en la fleur de leur aage engendrerent et conceurent ung filz qui fut nourry delicieusement jusques en l'aage de vingt ans, tousjours tenu subgect par ses pere et mere. Et aussi n'avoit vouloir leur desobeyr, car il estoit de bonnes meurs.

Advint qu'il lui print ung jour vouloir de aller à la chasse et, accompagné de aucuns ses braconniers, veneurs et faulconniers, se mist sur les champs où ses chiens trouverent ung cerf de merveilleux grandeur. Le jeune filz estoit nommé Julian, lequel, voyant ledit cerf avoir fait plusieurs ruses par lesquelles estoit eschappé aux veneurs et chiens, le poursuyvit dedens le bois en si grande diligence que ses serviteurs perdirent la veue tant de lui que du cerf, lequel cerf fut si longuement poursuivy que dedens une lande se retourna et fist arrest devant la face dudict Julian et parla à lui en telle maniere:

—Ne viens plus apres moy. Pense à ton cas, car ung jour viendra que tu tueras ton pere et ta mere.

L'escuyer Julian oyant tel parler demoura tout esperdu et pensif, tant pour le langage qu'il avoit ouy parler à une beste sauvage et irraisonnable de facon que pour le cas qu'il estoit predestiné commettre. Si print conseil en soy-mesmes et fantasia, pour eviter que telle fortune ne lui advint, habandonner la chasse, mesmement le pays, et aller en estrange region.

---

[1] Oesterley, XVIII, "Quod omne peccatum, quamvis predestinatorie gravissimum, nisi desperationos baratro subjaceat, sit remissibile," pp. 311-3; Swan-Hooper, XVIII, "How a certain Julian unwittingly killed his parents," pp. 46-8.

Se partit sans plus retourner devers pere ne mere et chevaucha tant par ses journees qu'il arriva en la court d'ung grant prince et seigneur qui le receut voluntairement. Et obtint la grace tant de lui des autres princes, seigneurs et gouverneurs du pays que des dames et demoiselles. Mesmement à une bataille qui fut faicte durant ce temps contre ledict prince se monstra vertueux et fut cause de gaigner la victoire; ce qui meut ledit prince donner la collee à Julian et le faire chevalier. Puis apres ces choses[2] lui donna en mariage la femme d'ung sien[3] deffunct chastellain, noble dame, bonne et honneste, et ung fort puissant et riche chasteau pour douaire où l'escuyer Julian et sa femme firent aucun temps[4] leur demeure. Et estoit impossible de aimer plus l'ung l'autre que faisoyent lesdictz mariez.

Or, est-il requis d'entendre que les pere et mere de Julian attendirent par plusieurs journees le retour de leur filz. Mais voyant qu'il ne revenoit point devers eulx, firent plusieurs regretz et lamentations, car il estoit[5] leur seul filz et heritier. Le pere disoit en ceste maniere:

LE PERE DE JULIAN

—Se je me plains, c'est la raison,[6]
Car j'ay perdu mon esperance;
Parquoy ne puis en ma maison
Ne dehors prendre esjouyssance.
Cellui qui durant son enfance
Me donnoit plaisir et soulas

---

[2] A, B-- *apres ces choses* lacks.
[3] The stressed possesive form is tolerated until the end of the XVIth century. Cf. Brunot and Bruneau, *Grammaire*, pp. 39-40.
[4] A, B-- *aucun temps* lacks.
[5] A, B-- *c'estoit.*
[6] *Huitains* in the form of a dialogue with the end rhymes *enchaînées* or *fatrisées*. The two or four syllable end rhymes, which also introduce the following *huitain*, are not repeated with a different meaning as formulated by E. Deschamps. Cf. this form with models in Lote (*Hist. du vers fr.*, II, 167-8) and Langlois (*Recueil*, p. 224, p. 282).

Navre mon cueur ainsi qu'en transse,
Qui me erainct de dire: *helas.*

LA MERE DE JULIAN

—*Helas,* j'ay perdu mon plaisir,
Parquoy seuffre peines cruelles, 10
Et me vient tel courroux saisir
Que femme oncques n'en eut de telles.
Du laict de mes[7] tendres mamelles
L'ay si doulcement allaicté;
Et fortune par ses cautelles
Subtillement le m'a *osté.*

LE PERE DE JULIAN

Osté m'est par grande rigueur
Cellui qui me donnoit lyesse;
Parquoy n'ay force ne vigueur.
Et fault que tout plaisir je laisse, 20
Car le baston de ma vieillesse
J'ay perdu, dont suis plain de dueil.
Merveille n'est si j'ay sans cesse
En souspirant *la lerme à l'oeil.*

LA MERE DE JULIAN

La lerme à l'oeil je dois avoir,
Gettant plusieurs regretz et plainctes.
De joye et plaisir recevoir
Desormais, ce ne sont que fainctes.
Delectations j'ay prins maintes,
Le nourrissant humainement. 30

---

[7] A-- *d'unes.*

Si prie à Jesus les mains joinctes
Que en oye nouvelle *aucunement*.

LA PERE DE JULIAN

—*Aucunement* je ne me puis
Resjouyr. La cause y est bonne.
Se en peine incessamment je suis,
Le tort à fortune j'en donne.
J'ay ung seul filz qui m'abandonne.
Toutesfois encor je le attendz.
Jesus, s'il lui plaist, en ordonne.
De ses faictz fault estre *contentz*. 40

LA MERE DE JULIAN

Contentz fault estre maulgré nous.
Mon chier amy, je vous l'accorde.
Mais cesser ne puis mon courroux,
Quand de mon filz je me recorde.
En paix, en amour et concorde
Partit d'avec nous. Haa, vray Dieu,
Par ta saincte misericorde,
Dy-nous son demeure et son lieu.

L'ACTEUR

Apres ce que le pere et la mere eurent longuement ploré la perte de leur enfant, eurent en fantasie partir hors de leur habitacion et aller en plusieurs places et circuyr plusieurs pays, disant que jamais ne retourneroyent jusques à ce qu'ilz eussent eu nouvelles de leur enfant. Si partirent eulx deux ensemble et firent tant par leurs journees qu'ilz arriverent au bourg qui estoit soubz la seigneurie du chasteau appartenant à leur filz. Et apres l'inquisition par eulx faicte aux gens du pays, congneurent que le seigneur du chasteau estoit leur filz qu'ilz avoyent tant cherché; qui leur donna une joye singuliere.

Se deliberent aller au chasteau visiter leur enfant, mais ilz furent advertis que au matin se estoit party pour aller au gibier.

Toutesfois, quelcun du chasteau qui estoit au logis des pere et mere de Julian, sachant que c'estoit le pere et la mere, l'annonca à la dame, sa maistresse. Et incontinent qu'elle en fut advertie, partit de son chasteau et se transporta devers eulx, leur faisant ung gracieux et amoureux recueil. Et apres plusieurs parolles et enseignes qui furent baillees par le pere et la mere de Julian, congneut veritablement que son mary estoit leur filz. Parquoy, comme plaine de bon vouloir et amour cordialle, en l'heure presente les mena en son chasteau où elle-mesmes les traicta humainement, attendant la venue de leur filz, son mary. Et eut en fantasie pour[8] leur faire plus d'honneur que apres soupper elle les coucheroit au propre lict où son mary et elle prenoyent leur repos; ce qu'elle fist. Et reposerent le pere et la mere de Julian toute la nuit.

L'endemain au matin la noble dame chastelaine apres son lever, ainsi qu'elle avoit de coustume, alla à la messe. Et tandis qu'elle y estoit, son mary Julian arriva. Et incontinent qu'il fut descendu de son cheval, encor tout housé et esperonné, entra en sa chambre, deliberé se reposer avec sa femme. Et regardant dedens son lict vit ung homme et une femme qui y estoyent couchez. Or, cuidoit-il que ce fust quelque paillard qui eust seducte ou subornee sa femme; parquoy eut fantasie tirer son glaive et les tuer tous deux: ce qu'il fist. Incontinent se part tout despité de sa chambre, mais il n'en fut gueres loing qu'il rencontra sa femme, qui venoit de ouyr messe, qui lui dist:

—Mon amy, resjouyssez-vous, car vostre pere et vostre mere vous sont venus visiter, lesquelz pour l'amour de vous j'ay mis reposer dedens nostre lict. Je vous prie, allons, vous et moy, les consoler.

Quant Julian entendit ces parolles, il congneut et eut en memoire les parolles du cerf. Et dist à sa femme l'homicide qu'il avoit commis, dont elle fut tresesbahie et courroucee en cueur. Mais Julian fort troublé, considerant le cas qu'il avoit commis, fut fantasié et se delibera incontinent partir de ce lieu pour aller faire penitence, et que jamais ne retourneroit jusques à ce qu'il fust certain que Dieu lui auroit pardonné son meffait; parquoy print congé de sa femme, disant telz motz:

---

[8] A, B-- *affin de*.

JULIAN

—Ma tresloyalle et doulce amie,
Que j'aime de cueur tresparfaict,
Fortune se monstre ennemie
De moy, comme on voit par effect.
Moy ignorant, j'ay meurtre fait
Qui met mon cueur en desplaisance,
Car je scay bien que le meffait
N'est excusé par ignorance.

LA FEMME DE JULIAN

—Certes, mon amy, le remede
Est tout porter paciemment. 10
De mauvais vouloir ne procede.
Fait l'avez sans scavoir comment.
Mais Dieu qui ne fault nullement
De ses serviteurs se recorde.
Criez-lui mercy humblement.
Il vous fera misericorde.

JULIAN

—Je congnois que t'ay offencee
En tant que t'ay imposé blasme,
Et que n'eus jamais la pensee
Me pourchasser quelque diffame. 20
Et pour ce, m'amie et ma femme,
Je prens congé de cueur courtois
Pour purger ma maculee ame.
En lieu solitaire m'en voys.

LA FEMME DE JULIAN

—J'ay eu mon plaisir par compas
Avec vous, sans dueil et[9] tristesse.

---

[9] A-- *ne*.

Porquoy ne porteray-je pas
Ma part de vostre grant destresse?
Dieu ne permet, helas, que laisse
Vostre cueur de douleur saisir, 30
Ne que on me voye prendre lyesse,
Lors que vivrez en desplaisir.

JULIAN

—Ma femme et amie, ainsi est
Que moy seul ay commis l'oultrage.
Sur moy doit venir l'interest.
Porter m'en devez le dommage.
Je prens congé courtoise et sage.
Par trop me desplaist le malheur,
Car raison veult que mon oultrage
Soit pugny par peine et douleur. 40

LA FEMME DE JULIAN

—Vray est que avez le cas commis,
Mais c'est par moy. Bien le scavez.
Se en ce lieu ne les eusse mis,
Par vous n'eussent esté trouvez.
Remede n'y a. Vous avez
Le cas commis,[10] dont je m'estonne.
Si la penitence en devez,
Porter ma part je m'abandonne.

JULIAN

—Vostre doulx parler gracieux
M'est aggreable et me conforte. 50
Mais de venir en divers lieux

---

[10] A, B-- *Commis le cas.*

Avec moy vous estes peu forte.
Permettez que tout seul je porte
La peine que je dois avoir
Jusques à ce qu'on me rapporte
Que pour ce cas aye fait devoir.

LA FEMME DE JULIAN

—Comment me voulez-vous laisser
Seulle à part, moy, vuidee de joye?
Seroit pour mon honneur blesser,
Mon chier amy, se vous laissoye? 60
J'ay espoir que Dieu nous pourvoye;
Parquoy me menrez avec vous,
S'il vous plaist, par champs et par voye.
Je vous en prie à deux genoulx.

L'ACTEUR

 Le chevalier, consideraux l'amitié et bon vouloir que sa femme avoit à lui, lui accorda sa requeste. Prindrent leur meuble, partirent du chasteau seulletz le plus secrettement qu'ilz peurent. Et tant chevaucherent[11] qu'ilz arriverent pres d'ung fleuve impetueux et tresdangereux à passer, pres duquel ilz firent edifier ung hospital qui fut muny de utensilles, auquel hospital recevoyent tous povres. Et oultre, firent faire une nacelle où ilz passoyent tous venans. En ce dict hospital servoyent les povres sans avoir autres serviteurs, et furent en cest estat par long temps faisans abstinences et jeusnes.
 Advint ung jour, ainsi que Julian estoit de nuict couché en son lict, las et traveillé, morfondu et engelé pour une tresgrande gelee qui estoit pour lors, ouyt une piteuse voix de l'autre part du fleuve qui disoit: —Julian, viens moy passer. Incontinent Julian se leva tout esmeu, alla oultre l'eaue et[12] trouva ung povre homme qui estoit quasi transsy de froit. Le print entre ses bras et le mist en sa nacelle. Puis le passa et, le voyant ainsi plain de froidure, le

---

[11] A, B-- *cheminerent.*
[12] A, B-- *et* lacks.

porta en sa maison. Mais quelque grant feu que sa femme et lui sceussent faire, impossible fut l'eschauffer; parquoy Julian, doubtant qu'il ne trespassast, le mist coucher en son lict propre où l'eschauffa et couvrit au mieulx qu'il peut. Peu de temps apres alla visiter ce pouvre homme qui lui sembla ainsi que ung ladre. Puis apres, trescler et luisant, monta au ciel, disant à Julian, son hoste:

—Nostre seigneur te mande par moy qu'il a eue ta penitence aggreable[13] et que ton peché t'est pardonné. Il a preparé ton logis en son paradis où parviendras de brief avec ta femme.

Puis se absconsa. Et tost apres ledit Julian et sa femme plains de vertus et bonnes oeuvres payerent le tribu[t] naturel, et furent leurs ames portees en leur logis eternel.

MORAL

Ce chevalier Julian peult estre figuré à ung bon prelat. A ce que Julian chasse, povons dire qu'il doit trasser les ames dont il a le gouvernement. Par le cerf on peult figurer Jesuchrist, car comme le cerf desire estre aux eaues des fontaines, ainsi nostre ame doit desirer parvenir à la grace de Dieu. A ce que Julian suyt le cerf povons entendre que le prelat doit suyvre Jesuchrist et faire ses commendements. A ce qu'il habandonna ses pere et mere devons prendre figure sur la saincte Escripture qui dit: —Qui aura laissé ses pere et mere sera sallairié à la centiesme partie et possedera la vie eternelle. A ce que le[14] chevalier est allé en loingtain pays povons figurer que ung prelat se doit transporter hors du monde et des choses mondaines, vivant purement et sainctement. A ce que Julian servit ung prince et batailla pour lui povons dire que le prelat doit servir le prince eternel, c'est Jesuchrist, et batailler contre ses ennemis qui sont la chair, le monde et le dyable. Et quant le prelat aura ainsi bataillé, il lui donnera sa grace à femme espouse, ainsi que le prince donna la chastellaine[15] à Julian.

Mais nous voyons souvent advenir que les parents charnelz et vanitez de ce monde ensuyvent tellement les prelatz qu'ilz les esmeu-

---

[13] A, B-- *pour agreable.*
[14] A, B-- *ce.*
[15] A-- *chastelanie*; B-- *chastelaine.*

vent à mal faire par cogitacion, operation et accoustumance durant nostre vie. Et en avons à la mort trois douleurs, c'est assavoir, l'yre de Dieu, la privation du ciel, et peine d'enfer: ce que tu dois tuer de ton cousteau de penitence et apres venir au fleuve de la saincte Escripture et eslyre une maison salutaire, c'est assavoir, jeuner, donner aulmosnes et prier Dieu, le servir et aimer dedens ton cueur pour parvenir à la joye eternelle.

XXI

**DE FEMMES DESPITES ET FURIEUSES QUI VEULLENT FAIRE À
LEUR PLAISIR**

Femme qu'on voit obstinee en son mal
Et ne veult point estre de nul reprise,
Commettre peult vice, voire enormal,
Parquoy chascun la blasme et la desprise.
Quant elle fait quelque folle entreprise,
Advis lui est que mieulx pour ce on la prise,
Mais pire vault que une faulse marastre.
Sa langue est preste à mal dire et aprise.
Parens, amis, ne son mary ne prise.
C'est grant danger de femme acariastre.   10

Il y en a qui ont legier vouloir,
Sottes en faitz et en parler coquardes.
Si folles sont qu'ilz cuident trop valloir
Pource qu'ilz n'ont renom d'estre paillardes.
Gentes de corps, plaisantes et gaillardes
Semblent aux gens.   Culz ont fardez de[1] hardes.
Sur le pavé se veullent regarder,
Mais en secret parolles goulliardes
Qui vallent pis que coups de hallebardes
Sort de leur bouche en voulant brocarder.   20

Son cul garder preude femme ne fait.
Il est requis de sa langue refraindre,

---

[1] A, B-- *des*.

Car qui d'autrui allegue le forfaict
Doit regarder s'on peult sur lui attaindre.
Se on est courcé, et qu'on tasche gens poindre,
Eulx revencher veullent quant vient au joindre.
Puis ung debat s'esmeult qui est villain.
On s'entrebat. Au juge on se va plaindre.
Les proces faict, l'ung l'autre on veult contraindre.
Il est requis d'aller le chemin plain.   30

   Orgueil siet mal à femme. Il est ainsi.
Et si ne doit estre trop familliere,
Car il y a maint amoureux transsy
Qui de en jouyr veult trouver la maniere.
Femme qui veult estre despite et fiere
Et qui ne daigne à nully faire chiere,
Voulant avoir cueur fier, courage hault.
Qui sa parolle appete tenir fiere,
Si ce n'est quant de mesdire, est legiere.
Sa compaignie en effect bien peu vault.   40

   Concupiscence et volupté ont bruyt,
Avec orgueil, au cueur d'aucunes femmes,
Qui leur honneur abolyt et destruit;
Et si ne sont en repos de leurs ames.
Bien scay qu'il est de tresnotables dames
Qui n'ont reproche ou aucuns villains blasmes.
Ilz font leurs cas selon droit et raison.
Quant leur follie ilz distribuent par dragmes
A ung chascun, reputees sont infames,
Et ne doit nul frequenter leur maison.   50

   Si avec vous concupiscence avez,
Orgueil aussi, et volupté mondaine,
Il est requis que le moyen trouvez
Que pendues soyent dedens vostre demaine
A trois cordons; l'ung nommé jeusne humaine,
Et l'autre dit chasteté pure et saine.
N'oublier pas d'abstinence la corde,
Quant les pendrez, car c'est la voye certaine

WOODCUT 23

Pour parvenir à la gloire haultaine,
Où Dieu nous met par sa misericorde. 60

Il est requis, se bien vivre voulez,
Monstrer exemple à toutes voz voisines.
Si l'une l'autre en honneur consolez,
D'aller aux lieux eternelz serez dignes.
Mais si voulez faire ung grant tas de mynes
Aux amoureux sans prendre disciplines,
Vendans vos chairs pour escuz ou ducatz,
Decevans gens par voz frauldes vulpines,
Tous voz plaisirs tumberont en ruynes,
Et en la fin on scaura vostre cas. 70

EXEMPLE[2]

 Ung homme[3] fut conjoinct par mariage à une femme assez jeune qui fut si plaine de sa voulenté qu'elle eut fantasie ne obeyr jamais à son mary, car elle estoit fiere, despite et orgueilleuse. Son mary du commencement la traicta humainement, lui cuidant changer sa condition. Mais tant plus qu'il faisoit à son plaisir et tant plus estoit mauvaise.
 Advint ung jour, apres qu'il eut mis peine de la chastier par parolles et qu'il vit qu'il perdoit sa peine, lui fist plusieurs menaces, dont elle fut si fort despitee qu'elle s'enfuyt en ung jardin où il y avoit ung bel arbre, print une corde et se pendit en une branche.
 Et ce voyant son mary pensa en sa fantasie qu'il trouveroit moyen en recouvrer une aultre. Et de fait, pour la seconde fois espousa une autre femme qui fut si plaine de concupiscence charnelle et lybidineuse qu'elle ne escondissoit homme touchant le jeu de aimer, dont le mary se apperceut. Si se advisa qu'il n'y scauroit mettre remede fors l'enfermer en sa chambre et la garder de trotter par les rues et gaster le pavé; parquoy l'enferma par aucune espace de temps en

---
[2] Oesterley, XXXIII (XXXII), "De jactantia," pp. 330-1; Swan-Hooper, XXXIII, "Of a tree on which three successive wives of one man hanged themselves," p. 66.
[3] Peratinus (Oesterley ed.).

une chambre. Toutesfois elle trouva une nuict facon d'eschapper secrettement, entra au jardin et se pendit avec la premiere femme.

Le mary, fort esbahy de ceste advanture, ne sceut que penser. Toutesfois sa fantasie fut de soy arrester à ung proverbe qu'on dit: *Toutes tierces sont bonnes.* Se delibera d'espouser encores une autre femme. Mais si la premiere fut fiere, despite et orgueilleuse, et la seconde plaine de concupiscence charnelle, la troisiesme fut encores plus plaine de volupté mondaine, car toutes les sepmaines vouloit avoir vestements nouveaulx. Et estoit impossible au mary scavoir entretenir si gros estat sans devenir povre et meschant. Si lui monstra[4] au mieulx qu'il peut, disant pour la chastier qu'il avoit acheté de la marchandise et qu'il falloit vendre partie de ses habitz pour la payer, dont elle fut tresfort couroucee,[5] disant qu'elle estoit bien de lieu venue pour porter tel estat, et sans considerer que son mary estoit de moyen estat.

Toutesfois advint ung jour que pour aucune debte que le mary devoit les sergeants furent à la maison, qui prindrent les meilleurs robes qu'elle eust par execution. Or, l'endemain la femme estoit de nopces de l'une de ses parentes, eut fantasie[6] que si elle se y trouvoit pouvrement accoustree que on s'en mocqueroit. Et aussi se ne si trouvoit, ce lui seroit honte et reproche; parquoy sa fantasie fut[7] de aller au jardin et de soy pendre comme les autres femmes.[8]

Le mary, voyant ses trois femmes ainsi pendues, fist plusieurs complainctes. S'adressa à ung sien filz et à plusieurs de ses voisins triste et[9] melencolieux, et parla à eulx plorant,[10] disant telz motz: —J'ay en mon jardin ung arbre bel et plaisant. Mais tant y a que ma premiere femme se y est pendue, la seconde aussi, et pareillement la tierce que me est une peine esmerveillable. Si vouldrois bien avoir vostre conseil sur ce cas.

Or, les voisins à qui il faisoit ce recit estoyent mariez à femmes noysives et tenceresses. L'ung d'iceulx lui fist responce: —Tes trois femmes se sont pendues à trois branches de l'arbre. Je te prie, donne-

---

[4] A, B-- *remonstra.*
[5] A, B-- *courroucee tresfort.*
[6] A, B-- *eut en fantasie.*
[7] A, B-- *fut sa fantasie.*
[8] The amplification of the circumstances leading to the death of each wife devolves in part, perhaps, from *Les Quinze Joyes de mariage.*
[9] A, B-- *et* lacks.
[10] A, B-- *en plorant.*

moy ung greffe de chascune branche, affin que j'en departe entre noz voysins qui avons mauvaises femmes. Si les planterons en noz jardins où le temps advenir nos femmes se pendront, qui nous sera ung grant[11] reconfort et joye singuliere; parquoy me semble que as tort de plorer la perte de celles qui te tourmetoyent jour et nuict.

Le mary à qui ses femmes s'estoyent pendues alla en son jardin et[12] print de chascune des trois branches ung syon et[13] les bailla à l'ung de ses voysins qui se delibera les departir aux autres.

MORAL

Par cest arbre qui est planté au jardin on peut fantasier pour le jardin nostre cueur, et pour l'arbre qui est planté nostre saulveur et redempteur Jesuchrist. Par les trois femmes qui se sont pendues en l'arbre povons fantasier et entendre que l'homme a trois femmes en ce monde qui le tourmentent jour et nuyt. Et se nomment concupiscence charnelle, volupté mondaine et orgueil. Mais si tost que l'homme qui est pecheur congnoist la follie de telles femmes et que par le moyen de la grace de Dieu il veult amender sa conscience, ses trois femmes despitees qui[14] avec lui ne prennent plus leurs plaisirs se vont pendre à cest arbre. Concupiscence se pend à la corde de jeusne et chasteté, orgueil à la corde de humilité, et volupté à la corde d'aulmosne.

Cellui qui a demandé les trois branches povons figurer au bon chrestien qui de toute sa puissance les veult desirer et appeter, non pas pour lui, mais pour tous ses voysins affin qu'ilz plantent en leurs jardins, qui se entend en leurs cueurs, ung arbre où se pendent ces trois femmes qui sont causes de plusieurs pechez.

Le mary qui pleure pour la perte de ses femmes on peult prendre pour le malheureux homme qui est courroucé quant peché se part d'avecques luy, car il prend plaisir et delectation à pecher. Toutesfois, souvent à la persuasion d'ung homme de bien cellui peult estre remis à bonne vie, et se repentant faisant penitence, acquiert la vie eternelle.

---

[11] A, B-- *tresgrant*.
[12] A, B-- *et* lacks.
[13] A, B-- *et* lacks.
[14] A, B-- *que*.

XXII

DE DEMANDER BON CONSEIL AUX SAIGES

Nobles seigneurs, qui sont promptz, diligents,
Deliberez ouyr parler les sages,
Acquierent bruit. Espritz ont prudens, gentz
Pour gouverner leurs subgetz et leurs gens.
Jeunesse apprent les ditz de ses regens.
Cela lui sert souvent en maintz passages.
Seigneurs sont prestz pugnir vices, oultrages,
S'ilz ne croyent point folz parlans de legier.
Par ce scauroyent les pertes et dommages,
Les maulx commis en villes et villages,   10
Et ceulx qui font les larcins et pillages,
Car en eulx est les faultes corriger.

C'est ung grant bien d'avoir prince prudent
Qui a desir faictz vertueux apprendre.
Quant il congnoist ung mauvais incident
Qui peult venir par aucun accident
Ou que estrangiers ont dessus luy la dent,
Facillement pourra leur cas entendre,
Comme prudent juste responce rendre
A ung chascun, tant soit grand blasonneur.   20
Dissimulant quant est raison[1] d'attendre,
Voulant tousjours à bonne fin pretendre,
Fier aux mauvais, aux bons cueur piteux, tendre,
Parvenir fait les hommes[2] à honneur.

---

[1] A, B-- *saison.*
[2] A-- *la science.*

Il ne suffist qu'on soit docte en scavoir,
Estre beau, fort, quelque chose qu'on dye.
Congnoistre fault dont peult venir l'avoir
De ses subgectz, comme on le peult avoir,
Pour sur ce cas en faire son devoir.
Là est requis mettre son estudie.   30
Les seigneurs sont subgectz à[3] malladie
Comme leurs serfz. N'est nul qui ne le sache.
Autant peult vivre ung homme qui mendie
Que ceulx qui font tousjours chiere gaudie.
Qui l'entend bien, à ce ne contredie.
Aussi tost meurt le veau comme la vache.

   Aucunesfois les seigneurs font des cas
Dont le peuple est courcé et se veult plaindre.
Mais motif est des noises et debatz,
Car à pecher prent plaisir et esbatz;   40
Parquoy Dieu veult que guerres et combatz
On mette sus pour son vice reffraindre.
Poignez villain; prest sera de vous oingdre.
Mais oignez-lay; il vous poindra s'il peult.
Si est requis de sa challeur estaindre,
Tout par raison le tailler et contraindre,
Non trop au vif le picquer et attaindre.
On n'a tousjours argent quant on en veult.

   A la ballance il fault ses faictz peser,
Le chemin plain suyvir et droicte voye,   50
Yre et challeur oster et despriser,
A ce qu'on fait regarder, adviser,
Ne parler trop quant vient[4] à deviser.
Chose on ne voit[5] qu'on ne congnoisse ou voye.
Sage seigneur, qui à son cas pourvoye,
Est à priser, s'il veult rememorer
Que c'est de lui. Et quant il se forvoye,

---
[3] A, B-- *en*.
[4] Read: *on vient*.
[5] A-- *fait*.

L'esprit en est debile et se devoye.
Puis la mort vient qui le cite et convoye.
Prince prudent on le doit honorer.   60

EXEMPLE[6]

Ung roy eut en fantasie se enquerir qui estoit le plus sage homme de son empire, esperant se gouverner selon sa doctrine et introduction. On lui amena ung clerc docte, entendu et bien moriginé, auquel l'empereur dist que se fust son plaisir lui donner aucune bonne doctrine, tant pour soy gouverner que monstrer exemple à ses princes, seigneurs, gentilz hommes,[7] escuyers et subgectz.

Le docteur ou clerc, voyant le bon vouloir de l'empereur et le desir de appredre qu'il avoit, lui enseigna sept choses assez ambigues à entendre. Toutesfois, l'exposition on pourra veoir au sens moral apres la narration de ceste histoire. Le premier enseignement est: *Ne passe point la ballance.* Le second: *Ne fouille point au feu avecques ung glaive.* Le troisiesme est: *Ne prens point de couronne.* Le quatriesme: *Ne mengeus jamais du cueur d'ung oiseau.* Le cinquiesme: *Quant tu seras party, ne retournes point.* Le sixiesme: *Ne chemine point par voyes et chemins publicques.* Et le septiesme: *Ne seuffre point une arondelle gazouiller en ta maison.*

L'empereur tout fantasié à cause qu'il ne povoit entendre facilement la doctrine de son docteur lui pria de lui exposer la doctrine qu'il vouloit qu'il gardast en son cueur, luy promettant que apres ce qu'il auroit congneu le cas, pourveu que la chose lui fust proffitable, la garder à son pouvoir. Ainsi le prudent et vertueux docteur en fist l'exposition qui s'ensuit.[8]

---

[6] Oesterley, XXXIV (XXXIII), "De ponderacione vite," pp. 331-4; Swan-Hooper, XXXIV, "Aristotle's advice to Alexander," pp. 67-8.

[7] The title *gentilhomme* designates a lower rank than that of *seigneur*. Cf. d'Aubigné, *Hist. univ.*, XIV, 3 (cited by Huguet).

[8] The attribution of the following moral application to the *docteur* is Gringore's invention. Of interest is this one attempt in the *Fantasies* to effect a transition from the secular narration to a sacred exegesis by means of a character.

WOODCUT 24

EXPOSITION A L'HISTOIRE PRECEDENTE

L'ACTEUR

Le scientificque docteur dist à l'empereur telz motz : —Nous povons entendre[9] et figurer par la verge de la ballance la vie humaine ; l'ung des bacins pour toy qui es renommé le plus grant prince du monde, et l'autre bacin pour le plus povre homme qui soit sur la terre. Or, te fault-il entendre : quant tu arrives au monde, c'est à dire, quant tu es né, tu ne apportes sur terre nomplus que le plus povre, et mesmement autant en est-il au departir, car tout ainsi que tu es sorty du ventre de ta mere sans riens apporter, tout ainsi retourneras en terre sans riens reporter des biens mondains. Si est requis ne passer point la ballance, c'est à dire, ne desire que ce qui te est necessaire pour la vie. Et fais ainsi que le voultour qui de sa propre nature, quant il a prins sa proye, il essaye s'il pourra voller avecques icelle en l'emportant. Et s'il voit que à ce faire ne soit suffisant, il en laisse une partie et emporte ce qu'il peult seullement ; parquoy peult voller au lieu où il desire. Mais il y en a qui sont contraires aux vaultours, car ilz estudient jour et nuict à trouver invencions pour ravir les biens d'autrui, te donnant plusieurs cas à entendre. Et si tu les escoutes et fais à leur plaisir, ilz te chargeront de si pesante proye et eulx-mesmes aussi que impossible sera tant à toy que à eulx voller en hault, c'est au[10] royaulme de paradis. Et est grant follie à gens de eulx charger de plus pesant faix que ilz ne peu[v]ent ne doyvent porter. Soit doncques divisee ta proye, c'est à dire, tes richesses et en retiens seullement par honneur pour ta necessité, donnant le demourant à gens clercz et entendus, mesmes à ceulx qui te ont servy et secoru au besoing, et nompas à flateurs et gens qui ne pensent que à orgueil et voluptez mondaines.

La seconde doctrine est : *Ne fouilles au feu d'ung glaive*, qui se peult entendre : Ne provocque point[11] à fureur par rudes parolles ceulx qui sont courroucez et marris. Car ainsi comme[12] le feu qui

---

[9] A— *prendre*.
[10] A, B— *le*.
[11] A, B— *point* lacks.
[12] A, B— *ainsi que comme*.

est sans air quant les tisons sont dessoubz[13] la cendre ilz ne rendent pas gueres grande challeur.[14] Mais en prenant ung glaive et fouillant dedens, en lui donnant air incontinent, il s'enflamme. Pareillement, l'homme iré et courroucé à qui les langues baveresses sont prestes à mal dire, quant veullent injurier peuvent estre dictes le glaive qui enflamme le feu. L'homme yreux est ainsi que la chaulx qui a en soy une challeur latitee, et jamais ne seroit demonstree qui ne getteroit de l'eaue dessus. Mais incontinent qu'on y en a getté, elle rend ses challeurs et fumees. Tout ainsi l'homme yreux ne decouvre son yre qui ne le picque ou argue, mais incontinent que on le redargue et reprent, lui disant aucune parolle qui lui tourne à desplaisir soit pour bien ou mal, de lui saillent grosses noises et discordz dont viennent plusieurs maulx. Et pour la cause je te advertis que ne fouilles point au feu d'ung glaive.

La tierce chose est: *Ne prens point la couronne,* qui se peult entendre: Ne reprens point les loix des citoyens. Or, la cité en quoy nous sommes pour le present nous figurons pour l'Eglise et les loix pour les doctrines d'icelle Eglise, lesquelles nul ne doit reprendre ne corriger, mais les ouyr humblement et icelles ensuivre. Si est requis escouter les parolles de l'Eglise, garder ses loix et commandements retenir, si nous voulons avoir part au ciel.

La quattriesme doctrine est: *Ne mengeus point de cueur d'oyseau,* qui se peult entendre: Ne murmures contre Dieu et ne prens tristesse en ton cueur pour quelque adversité qu'il te puisse advenir. Car l'homme sage ne se esjouyt de grande richesse, et aussi ne s'esbahit se grande povreté lui advient. Parquoy fault tousjours avoir en son cueur fresche et recente memoire de la puissance de Dieu et se esjouyr en son adversité, comme faisoyent les apostres et martirs quant les tirans les menoyent au lieu de tourment.

La cinquiesme doctrine est: *Quant tu seras party, ne retourne point,* qui se peult entendre: Quant tu seras party de peché, n'y retourne plus. Mais plusieurs font ainsi comme la couleuvre qui, quant elle se veult coupler et joindre à la lamproye, succe son venim, trouvant moyen de le vosmir en quelque lieu. Puis, incontinent se joinct à la lamproye. Et son vouloir accomply, retourne au lieu où

---

[13] A, B-- *sur.*
[14] A, B-- *cendre et ne rendent pas grant challeur.*

a laissé sondict venin et le reprent. Tout ainsi, plusieurs veullent estre conjoinctz à Dieu, vomissant le venin devant l'autel, qui peult estre entendu se confessent de leurs pechez, mais incontinent y retournent et sont plus prestz à mal faire que devant.

La sixiesme doctrine est: *Ne chemines point par voyes publicques*, qui se peult entendre: [15] La voye de peché qui est si large que par icelle plusieurs vont à perdition.

La septiesme est: *Ne seuffre point une arondelle gazouiller sur ta maison*, qui se peult entendre: Ne peche point en ton cueur, contre lequel murmure ta conscience, mais desire avoir et gaigner la vie eternelle.

---

[15] A, B-- *Ne chemines point par les voyes et chemins publiques. Par la voye publicque povons fantasier.*

XXIII

DE CONSIDERATION ENVIEUSE

Les inventeurs qui songent nouveaulx cas,
Aucunesfois ilz ne se doubtent pas
Du grant dangier où se veullent[1] submettre.
Si est requis besongner par compas,
Et si se fait mal jouer à son maistre.
Fortune veult aucunesfois desmettre
Cellui qui fait une oeuvre meritoire.
Et si ne peult estre à tous[2] notoire,
Car le plaisir de son seigneur l'efface.
Ainsi son art n'est mis en repertoire.   10
Tel fait du bien, et si son mal pourchasse.

Il est des gens qui sont par trop subtilz
Et à monstrer leur esprit trop hastifz,
Dont sont pugnis en temps et en saison.
Necessaire est qu'il soit des inventifz
Et que d'iceulx on notte le blason.
Mais les pugnir sans droit et sans raison,
Il m'est advis qu'il n'est requis ce faire,
Veu qu'ilz ont fait pour aux seigneurs complaire
Moralitez, cuidans estre en valleur.[3]   20

---

[1] A-- *où ilz se vont.*
[2] A, B-- *à tous estre.* In D *estre à* is not elided.
[3] The generalization masks Gringore's efforts to curry the favor of a new patron. Cf. the *moralité* included in the *Jeu du Prince des Sotz et Mere Sotte* written for Louis XII (1512), *Oeuvres complètes*, I, 244-69. The term *moralité* may also be understood as any literary work of didactic intent.

WOODCUT 25

Chose bien faicte à plusieurs peult desplaire.
Fortune donne ou bon heur ou mal heur.

    Par trop parler les ungz sont mal venus.
On en congnoist de bien entretenus
Pour caqueter, et ne dyent riens qui vaille.
Les vertueux des folz sont incongneus.
Les ygnorans aux sages ont bataille.
Tel a le grain qui ne deust avoir paille.
Les biens mondains sont ainsi departis.
Il y en a qu'on depesche gratis   30
Par blasonner, flater ou beau parler.
Autres sont grans que l'on fait bien petis.
Selon le temps fault le voille caller.

    Et toutesfois, puis qu'il n'y a si fin
Ne si subtil qu'il ne faille en la fin
Passer le pas de la mort tant terrible,
Il est requis justement vivre, affin
D'estre saulvez. Cela nous est possible.
Aucuns sont prestz de corriger la Bible,
Pource qu'ilz sont ung peu audacieux.   40
Ce nonobstant qu'ilz soyent trop[4] vicieux,
Et ayent l'esprit inepte et fantasticque,
On n'a vouloir gaigner les biens des cieulx.
Au temps present tout pense à la practique.

EXEMPLE[5]

    Ung noble et trespuissant chevalier se gouverna si bien à la court de l'imperateur que apres la mort d'icellui ledit chevalier fut esleu par les seigneurs, mesmement par le peuple, à l'imperialité. Incontinent qu'il eut accepté le gouvernement de l'empire, il se monstra ver-

---

[4] A, B-- *fort*.
[5] Oesterley, XLIV (XLIII), "De invidia," p. 342; Swan-Hooper, XLIV, "Of an artificer who made glass as flexible as copper, and of the wickedness of the Emperor Tiberius," pp. 78-9.

tueux en bataille. Mais peu de temps apres mist les vertueux faictz en nonchalloir et chassa temperance hors d'avecques lui.

Advint que ung quidam mist en sa fantasie aller par devers ledit imperateur, qui apres son salut se vanta en sa presence forger ung voirre de excellente beaulté, ce que l'empereur lui permist. Et incontinent qu'il fut forgé, le presenta audict empereur, qui le getta contre terre le plus rudement qu'il peut en telle facon qu'il fut ployé aucunement. Mais ledit ouvrier le prit[6] et avecques son marteau le dressa comme s'il eust forgé de l'or ou de l'argent.

Ce voyant, l'empereur demanda à l'ouvrier comme il estoit possible faire telle chose. Responce luy fut faicte par ledit ouvrier que homme qui fust vivant sur terre ne scavoit ceste science fors lui; parquoy ledit empereur eut fantasie que se telle science venoit en usaige, l'or et l'argent seroyent peu estimez. Si commanda que ledict ouvrier fust decollé; ce qui fut fait.

FANTASIE SUR CESTE EXEMPLE

Cest empereur nous peult figurer aucuns clouestriers ou autres qui devant qu'ilz soyent promeus à grandes dignitez, offices et richesses sont assez humbles et patients. Mais apres qu'ilz sont esleus[7] en dignité ou en honneur font aultrement qu'ilz ne doyvent et se fondent sur ung proverbe qui dit: *Les honneurs muent les conditions ou manieres.*

Par l'homme qui a offert le voirre povons figurer le povre qui de bon cueur offre au riche quelque present. Et s'il ne luy plaist, il le gette incontinent et ne le veult pas recevoir, mais est yreux, lui faisant tant de maulx que bien souvent le povre homme, apres qu'il a prins peine à captiver sa benivolence, voyant qu'on n'en tient compte, il en seuffre et endure la mort.

---

[6] A, B-- *reprint.*
[7] A, B-- *eslevez.*

XXIV

DE CONGNOISTRE ENFANS NATURELZ ET LEGITIMES DE AVEC
LES AVOULTRES

L'ACTEUR

 Aucuns y a qui nourrissent enfans,
Presupposant les avoir engendrez.
 Leur plaisir est de les veoir triumphans,
Comme en l'escript cy-apres entendrez,[1]
Et puis apres la raison en rendrez.
Dangier y est beaucoup plus qu'on ne cude.
Bon n'est avoir aux mauvais habitude.

 D'aucuns bastardz est requis faire estime,
Car on en voyt qui sont preux et hardis,
Faisans secours au frere legitime,   10
Tant par leur faitz comme par nobles ditz.
Il y en a de fiers et estourdis
Qui font des maulx ; ygnorans nous en[2] sommes.
Les doys unis ne sont aux mains des hommes.

 Se on appercoit entre freres discord,
Se possible est, on y doit la paix mettre.
Souvent advient que quant le pere est mort,
N'y a cellui qui ne veuille estre maistre.

---

[1] A, B-- *l'entendrez.*
[2] A, B-- *n'en.*

Si est requis aux sages se submettre,
Affin de oster tout reproche et exces.
Amour ne regne où il y a proces.

Faire du bien tandis qu'on est en vie,
C'est le meilleur, car apres mort attendre,
Les heritiers ont de happer envie,
Et n'ont courage à prier Dieu pretendre.
A leur prouffit sans cesser veullent tendre.
Par ce moyen s'eslyevent maintz discordz.
Au temps present on fait dieux de tresors.

Tant plus mondains sont caducz, anciens,
Plus on les voit fondez en avarice.
Sont-ilz pas folz d'estre practiciens,
Quant mort les presse, et qu'ilz en ont notice.
Se attendent-ilz avoir pardon du vice
Qu'ilz ont commis par prieres futures.
Maint dangier vient attendant adventures.

On a fondé messes ung million,[3]
Qui en ung jour se doivent toutes dire,
Mais on les passe à ung fidelium.
Chascun le scait; nul n'y peult contredire.
De gens d'eglise on ne doit point mesdire,
Mais il en est qui sont marchans de messes.
Dieu est parfait. Il congnoist nos finesses.

Aucuns enfans lysent joyeulx rommantz.[4]
Livres exquis ont dedens leurs reperes,
Où peu[v]ent[5] trouver les textes et commentz
Que estudier doivent sans vituperes.
Si leur advient lyre *La Vie des Peres*,[6]

---

[3] Ellipsis. Read: *ung million de messes.*
[4] Note the connotation for Gringore as well as the contrast between profane and sacred narratives.
[5] Monosyllable, with the cesura after *trouver.*
[6] A translation of Saint Jerome's *Vitae Sanctorum Patrum.* Several editions of *La Vie des Peres en francoys* were published before 1516: Paris,

WOODCUT 26

Ce leur desplaist; le livre est ennuyeux.
Tel souvent change à qui n'en est de mieulx.

Apres la mort on congnoist dequoy sert 50
Cellui qui est mis soubz la tombe ou lame.
Durant son temps tel estoit franc qui sert.
Honneur avoit, et apres il a blasme,
Car il despend à jeux ou sort infame
Le revenu que son pere a acquis.
Hanter les bons fait les hommes exquis.

EXEMPLE[7]

Il fut ung roy tresnoble de lignage et de condition, qui eut à femme et espouse une noble dame. Ce, neantmoins, elle n'eut pas tousjours souvenance de la promesse de mariage faicte à son mary, car elle conceut trois enfans malles non de la semence d'icellui. Lesquelz enfans la dame fist reffus les nourrir de sa mamelle, mais les envoya nourrir aux champs. Toutesfois, congnoissant son peché, se voulut abstenir de son vouloir lybidineux. Et peu de temps apres conceut de la semence de son mary yng beau filz qu'elle nourrist et allaicta de ses propres mamelles.

Aucun temps apres le roy alla de vie à trepas, et fut son corps ensepvely et mis honorablement en sepulture. Incontinent les quatre enfans eurent debat pour la succession de leur pere en telle facon qu'ilz estoient prestz de[8] tuer l'ung l'autre.

Toutesfois, il y avoit ung noble chevalier qui durant le regne du roy leur pere avoit eu gouvernement du royaulme, auquel ilz baillerent charge juger de ce different. Lequel chevalier considerant plusieurs choses leur dist qu'il ne scauroit bien discernir de leur cas

---

1486; Lyons, 1486; Paris, 1494, 1495 and 1512. See Brunet, *Manuel*, III, cols 162-3.

[7] Oesterley, XLIV (XLV), "Quod solum boni intrabunt regnum celorum," pp. 342-4; Swan-Hooper, XLV, "Of the four reputed sons of a deceased king, and how it was decided which of them was really his," pp. 80-1.

[8] A-- *de* lacks.

s'ilz ne faisoyent tyrer leur pere hors[9] du cercueil où il estoit. Ilz se accorderent tous qu'il fust[10] tyré, et par le consentement d'iceulx fut mis de bout contre ung arbre et lyé pour le garder de tomber à terre. Ce fait, le chevalier[11] dist aux enfans qu'il estoit requis que chascun d'eulx fust garny[12] d'ung arc et aussi d'ung traict; ce qu'ilz firent.

Lors ce chevalier leur dist: —Vous tyrerez tous quattre contre vostre pere, et cellui qui le percera le plus profondement, il obtiendra le royaulme et en sera dominateur.

Le conseil du chevalier leur fut aggreable. Si[13] prindrent leurs arcz et les benderent, poserent leurs traictz en coche, prestz de tyrer contre leur pere mort en la presence de plusieurs. Le premier ne[14] tyra contre le roy qu'il cuidoit son pere et luy perca de son traict la main dextre tout oultre. Et pour ceste cause il fut proclamé quasi comme vray heritier du royaulme. Le second assena le roy par la bouche, et pour ceste cause se disoit[15] estre plus certain et vray heritier que son frere premier né. Le tiers tyra et[16] assena le roy par le cueur, qui pour tel coup se disoit estre vray heritier. Le quattriesme, quant il approucha pres de son pere, getta son arc et son traict contre terre et se print à plorer disant:[17]

—O cueurs pervers, oultrageux et despitz,
Remplis d'erreurs, peu constants en courage,
Plus venimeux que serpens ou aspicz,
Mal regardez [à][18] vostre lasche ouvrage,
Quant ung tel prince et noble personnage
Apres sa mort navrez par cruaulté.
Tout enfant doit à pere loyaulté.

—O desloyaulx, regardez le forfait
Que avez commis et le grant vitupere.

---

[9] A, B-- *hors* lacks.
[10] A, B-- *en fust*.
[11] A, B-- *le chevalier* lacks.
[12] A, B-- *fourny*.
[13] A, B-- *Si* lacks.
[14] Expletive.
[15] A, B- *il se disoit*.
[16] A, B-- *tyra et* lacks.
[17] A-- *en disant*.
[18] A, B-- *à*.

Nostre pere est pasle, mort et deffait. 10
Chascun de nous soubz son bon bruit prospere.
Tous vos espritz avarice supere.
Que avez-vous fait, le voulant martyrer?
D'ung ort chemin il se fault retirer.

—Retirez-vous. Faictes d'icy depart.
Prenez ces biens. Je les vous quitteray.
De ses tresors ne veuil avoir ma part.
Par ce moyen jà je n'en jouyray.
Mais à jamais je vous reproucheray
Vostre avarice et merveilleux deffault. 20
Au temps present le sang[19] naturel fault.

—Nobles seigneurs, barons, juges prudentz,
J'aimerois mieulx perdre tout l'heritage
Que devant vous qui estes presidens,
Ne en aultre lieu, je feisse tel oultrage.
Pere et amy qui tant fus preux et sage,
Treshumblement par raison et droicture
De mon habit couvriray ta nature.

—Freres, amis, regardez en pitié
Nostre bon pere en terrible estat mis. 30
Las, il a eu vers nous tant d'amytié
Que à nostre vueil plusieurs fois s'est submis.
Or, sommes-nous ses pervers ennemis,
Quant de nos traictz percons sa chair tant tendre.
De ce qu'on fait fault en fin compte rendre.

L'ACTEUR

Telles parolles dictes et proferees par la bouche du jeune enfant, ayant regard à ses pleurs et lamentations, les princes du royaulme ensemble tout ledit populaire esleurent le jeune enfant comme vray, juste et loyal heritier du royaulme. Et fut couronné de couronne ro-

---

[19] A-- *sens*.

yalle et mis en la place de son pere. Au regard des trois autres enfans non legitimes,[20] ilz furent privez de toutes dignitez et chassez dehors[21] du royaulme.

FANTASIE SUR L'HISTOIRE

Par le roy sage, noble et riche povons figurer le Roy des roys et Seigneur des seigneurs, lequel a accompaigné et prins à espouse nature humaine qui du depuis a accomply fornication avec les dieux estrangers. Et non ayant souvenance de son espoux a eu comme adultere trois enfants, qui se peu[v]ent entendre les payens, juifz et hereticques.[22]

A ce que le premier a navré la main du roy se peult entendre que les payens ont reffusé la doctrine de Jesuchrist qu'il leur envoyoit prescher par ses apostres et disciples. Mais ilz estoyent martyrez par iceulx de plusieurs playes mortelles.

Par le second filz qui l'a frappé de son traict par la langue et dedens la bouche, povons entendre que les juifz navrerent Jesuchrist quant on lui bailla à boire fiel et vin aigre.

Par le troisiesme filz qui a esté si mauvais et pervers que quant il a veu son pere ainsi navré[23] de plusieurs playes au plaisir de ses freres, n'a point laissé à le fraper par le corps et l'assener au cueur, se peult signifier les hereticques qui apres la mort de Jesus ont navré et martyré les fidelles chrestiens, lesquelz chrestiens ont ung cueur, ung corps et une ame. Et de ce dist le Psalmiste : —Ilz ont aguisé leurs langues comme serpens, et aussi ilz ont appareillees flesches en leurs trousses.

Par le quatriesme filz qui n'a point voulu tirer contre le corps de son pere, apres ce que les autres le ont navré de leurs traictz, se peult entendre le bon chrestien qui a la crainte de Dieu, ne le voulant offencer, mais est courcé du peché des autres. Et si d'aventure l'a offencé, il est prest et deliberé satiffaire et en faire penitence à son pouvoir. Si devons scavoir que cellui qui ainsi fera sera exalté le jour du jugement au royaulme de paradis.

---

[20] A, B-- *legitimez.*
[21] A, B-- *hors.*
[22] A-- *les hereticques.*
[23] A, B-- *ainsi mal traicté et playé.*

XXV

DE INGRATITUDE, ET DE LA PUGNITION DE CEULX QUI SONT INGRATZ

Aucuns mondains sont plains de ingratitude,
Et si aucun leur fait quelque desplaisir,[1]
A le grever ilz mettent leur estude.
Quant riches sont, laissent leur[2] habitude.
Autre party desirent de choisir.
De le grever ont singulier desir,
Quasi tous prestz le tuer et deffaire.
Qui plaisir fait, on lui doit plaisir faire.

Se despouiller pour autruy revestir,
C'est bon vouloir et oeuvre charitable.   10
Aucunesfois on s'en peult repentir,
Quant l'homme ingrat ne se veult consentir
Cognoistre ceulx qui font oeuvre louable.
Leur desir est de le veoir miserable.
Et toutesfois il leur a fait ce bien.
Qui donne tout, ne lui demeure rien.

Donner le sien, et puis en demander,
Le franc se veult oster de sa franchise.
Faire fault ce qu'on souloit commander,
Courir, troter où on souloit mander,   20
Estre reprins, dont on faisoit reprise.

---

[1] A, B-- plaisir. In D *si* is elided with *aucun* and the cesura falls after the fifth syllable.
[2] A, B-- *son*.

Disciple à qui on a lecon aprise,
Il fait grant mal d'estre reprins par lui.
Qui n'a dequoy n'est prisé aujourd'hui.

Quant à flateurs on veult adjouster foy.
Il m'est advis que c'est grande simplesse.
De bien servir ilz font devoir, mais quoy!
Quant vous serez avec eulx à requoy,
Ilz parleront de vostre grant richesse.
Puis vous feront faire quelque promesse,   30
Dont en apres ne[3] vous vouldrez desdire.
Croire ne fault tout ce que l'en oyt dire.

Ung bon vouloir à qui il est advis
Que on lui fera ainsi qu'il vouldroit faire,
Par aucuns[4] folz ses biens lui sont ravis.
Il s'en desmet pour faire à leur devis,
Affin du tout à leur veuil satiffaire.
On lui promet ce qui est necessaire
Durant sa vie, et qu'il ne fera rien.
Au[5] temps present il fault garder le sien.   40

Apres qu'on a le sien habandonné
Et qu'on en veult aucune part reprendre,
On pert son temps, car rien n'est redonné.[6]
Encor on n'a ce qui est ordonné,
Et si on le baille, il fault long temps attendre.
C'est grant follie, ainsi qu'on peult entendre,
Mettre à ses piedz ce qu'on tient à ses mains.
Au temps present[7] on voit des trompeurs maintz.

Aucuns sont bons durant leur povreté,
Simples et doulx comme jeunes pucelles.   50
Pensez-y bien, car tel a povre esté

---

[3] Pleonasm.
[4] A, B-- *d'aucuns.*
[5] A-- *A.*
[6] B-- *redondé.*
[7] A-- *Au temps qui court.*

WOODCUT 27

Durant l'yver, et quant vient en esté,
Qu'il a de quoy, est au renc des rebelles.
Qui veult bailler à gens plains de cautelles
Tout ce qu'il a, on lui joue du phebé.
On congnoist moyne à lors qu'il est abbé.

EXEMPLE[8]

Il fut ung tresnoble et trespuissant prince qui avoit ung seul filz, et estoit sa fantasie l'aymer sur toutes choses, presupposant lui vouloir accorder toutes ses requestes sans riens excepter.

Advint que l'enfant vint en aage suffisante; si fist requeste à son pere se desmettre de son royaulme et l'en mettre en possession durant sa vie, luy donnant à entendre qu'il feroit son plaisir, obeyssant à ses commandemens mieulx que s'il n'estoit point constitué en telle dignité, lui remonstrant aussi comme il estoit en decrepité de vieillesse et que impossible lui estoit vacquer aux affaires du royaulme. Le roy, tout fantasié de ceste requeste, fut pensif par aucune espace de temps. Toutesfois il lui fist responce qu'il le feroit voulentiers s'il estoit certain que son filz le traictast humainement le residu de sa vie; ce que le filz promist. En oultre, apres ce que son pere lui auroit donné la couronne, il ne feroit aucune chose que par son conseil et commandement, lui faisant plus d'honneur que à soy-mesmes. Et de ce fist serment devant les princes, seigneurs, juges du pays et tout le peuple. Le roy, se confiant à la promesse de son filz, lui donna son royaulme sans riens retenir, lui presentant la couronne qu'il receut devant tous.

Apres qu'il fut possesseur du royaulme, par aulcune espace de temps il eut son pere en grant honneur. Mais il s'en ennuya, et petit à petit se eslongoit de son pere et en tenoit peu de compte, tant que par succession de temps il le delaissa du tout et estoit honteux quant il le voyoit devant sa magnificence. Ce voyant, le bon ancien roy en fist sa plaincte aux princes et seigneurs, lesquelz furent

---

[8] Oesterley, LXXII (LXIV), "De ingratorum trucidatione," pp. 386-8; Swan-Hooper, LXXII, "Of a king who handed over his crown to his son, who, proving ungrateful, was afterwards deposed," pp. 127-8.

deliberez luy remonstrer son ingratitude. Et de fait, lui en parlerent vertueusement en le reprenant, ce qui lui despleut, car il ne vouloit estre repris de nully. Toutesfois il endura la correction, nonobstant[9] qu'il en eust dueil en son courage. Et eut fantasie faire enfermer son pere en ung chasteau où nul ne povoit entrer sans son congé; ce qu'il fist. Et fault noter que le bon et[10] ancien roy y endura plusieurs necessitez.

Advint ung jour que le jeune roy estoit allé à la chasse et poursuyvit tant ung[11] cerf qu'il se perdit dedens le[12] bois en telle maniere que homme ne scavoit qu'il estoit devenu. Si fut contrainct se retirer dedens le chasteau où estoit son pere, où se fist traicter le[13] mieulx qu'il peut, sans[14] que sondict pere en eust aucune recreation. Toutesfois il fut adverty que son filz estoit au chasteau; parquoy eut en fantasie de se presenter devant[15] lui pour l'advertir de sa fortune, esperant avoir[16] de lui aucune gracieuseté; ce qu'il fist en disant:

—O mon treschier filz, considere le bon vouloir que j'ay eu vers toy, et qui me suis despouillé de mon royaulme pour te revestir. Regarde-moy en pitié. Pense à la captivité là où je suis. Rememore ma vieillesse et decrepité. Ayes regard à ma necessité. Contemple ma malladie à laquelle peulx donner remede, me remettant en santé, si c'est ton plaisir me donner aucune porcion de ton vin.

Le jeune roy fist responce à son pere disant: —Je ne scay s'il y a du vin ceans.

A quoy le bon ancien roy doulcement l'advertit qu'il y en avoit cinq tonneaulx, mais que le senechal avoit fait reffus de[17] lui en bailler, pource qu'il lui estoit expressement deffendu par lui.

Toutesfois il lui dist: —Je te supplie que pour ta bien venue me faces donner à boire du premier tonneau, car il me semble que par ce moyen je recouvreray ma santé.

Le jeune filz se excusa, disant: —Mon pere, je ne t'en donneray point, car c'est moust qui est fort[18] contraire à vieilles gens.

---

[9] A, B-- *ce nonobstant.*
[10] A, B-- *et* lacks.
[11] A, B-- *le.*
[12] A, B-- *ung.*
[13] A, B-- *au.*
[14] A, B-- *et sans.*
[15] A, B-- *fantasie soy presenter par devant.*
[16] A, B-- *d'avoir.*
[17] A, B-- *de* lacks.
[18] A, B-- *fort* lacks.

De telle excuse le pere fut content. Mais il[19] lui supplia que par son moyen il peust boire du second tonneau. Le roy fist responce qu'il n'en feroit riens et qu'il le vouloit garder pour lui et les jeunes gens qui le suivoyent. Le povre pere lui demanda du tiers tonneau. Le jeune roy en fist reffus, disant qu'il estoit trop fort pour lui et que s'il en buvoit, ce lui causeroit une fievre qui le mettroit en danger de mort. Le pere lui fist requeste avoir du quart tonneau, dont pareillement le jeune roy fist refus, disant qu'il estoit aigre, qui estoit contraire à sa complexion. Le pere, encore pour esprouver sa voulenté, lui demanda du cinquiesme tonneau. Responce lui fut faicte par son filz qu'il n'en buvroit point et que ce n'estoyent que lyes et reversures; parquoy se il lui en bailloit à boire, et que mort s'en ensuyvist, les princes, seigneurs et juges du pays le pourroyent accuser de crime.

Ce voyant, l'ancien[20] roy se retira en son povre logis, et eut en fantasie escripre unes lettres ausdictz princes, seigneurs, et juges du pays, contenant la povreté et misere où il estoit detenu par son filz, et que pour l'honneur de Dieu trouvassent moyen de le oster hors de ceste calamité. Les princes et seigneurs voyans la pitié du bon ancien roy, qui durant son regne les avoit si bien et vertueusement regiz et gouvernez, mesmement l'ingratitude de son filz, tindrent conseil, par lequel il fut dit que le pere seroit remis en son premier estat, et le filz en chartre perpetuelle; ce qui fut fait.

FANTASIE SUR CESTE HISTOIRE

On peult applicquer et prendre cest ancien roy à nostre seigneur[21] Jesuchrist et le filz à ung chascun chrestien. A ce qu'il aimoit tant son filz, on peult entendre que Dieu nous a tant aimez qu'il a faict toutes choses mondaines subgectes à nous en nous donnant tous ses biens.

A ce qu'il devint povre, il se doit entendre que les povres de ce monde sont ses membres, lesquelz povres ont fain, soif, chault,

---

[19] A, B-- *il* lacks.
[20] A, B-- *voyant par l'ancien.*
[21] A, B-- *redempteur.*

froit[22] et plusieurs autres accidents et inconvenentes de malladie. Et les riches qui ont les biens de Dieu ne leur en veullent donner ne departir.

A ce que le roy nous demande à boire du premier tonneau, on peult entendre par le tonneau enfance par laquelle Jesuchrist doit et veult estre servy.

A ce que le mauvais enfant respond : —C'est moust, il veult dire : —Je suis jeune et ne puis faire bonnes oeuvres en mon enfance, veiller, ne prier Dieu.

A ce qu'il demande du deuxiesme tonneau, il s'entend que Dieu veult estre servy du chrestien en sa jeunesse. Et a ce qu'il en fait reffus, se peult interpreter que le jeune enfant dit et se excuse à Dieu : —Je ne puis maintenant applicquer ma jeunesse à ton service pource que le monde se mocqueroit de moy, disant : 'Velà ce jeune homme qui devient bigot et ne daigne converser avec les autres;' parquoy je vueil obtemperer à leur vouloir, buvant et mangeant avec eulx, appetant choses mondaines.

A ce qu'il demande du troisiesme tonneau, et que le filz lui respond : —C'est vin fort, se peult entendre : —Je suis en ma force et puissance, et se je faisoye penitence, nature se pourroit debiliter en moy et appetisseroye ma force, ce qui rabaisseroit mon honneur, car je vueil suyvir les batailles, saillir, dancer et servir les dames à leur plaisir.

A ce qu'il demande du quatriesme tonneau et que l'enfant lui respond : —Le vin est vieil et aigre, se peult entendre que le chrestien se excuse, disant : —Je suis jà vieil et ne puis jeusner ne veiller pource que ma nature est debille et foible.

Finablement, à ce qu'il demande du cinquiesme tonneau, et qu'on lui en fait reffus, disant : —Ce sont lyes, se entend que quant nature deffault à l'homme, impossible lui est vacquer à penitence. Et considere que quant il estoit en sa force, beaulté, et richesse, il y cuidoit tousjours estre. Mais maintenant il est impuissant ; parquoy advient souventesfois que ung tel homme tumbe en desesperance, et en ce point fine sa vie ; parquoy est fait, incontinent qu'il est mort, une grande plaincte devant Dieu et la court celestielle où sentence est donnee, disant : —Allez malheureux au feu eternel, lequel vous est appareillé.

---

[22] A, B-- *et froit*.

XXVI

DES LOYAULX SERVITEURS

Bon fait servir princes et grans seigneurs,
Car paistre n'est que en grande seigneurie.[1]
Le serviteur qui en servant varie,
Quant doit prier, commande qu'on le prie,
Il n'est pas dit de vertu enseigneur.
Necessaire est de garder son honneur,
En bien servant estre prompt et loyal.
S'il a le nom d'estre bon gouverneur,
Sans ce qu'il soit larron ne rapineur,
Il sera cause eviter ung grant mal.   10

Il est requis de son seigneur garder
Songneusement que tort on ne lui face,
Tout aussi tost qu'on le regarde en face,
Scavoir soubdain qu'il demande et qu'il trasse,
Et l'accomplir sans nullement tarder,
Ne le souffrir blasonner ne larder,[2]
Mais au besoing son[3] corps en dangier mettre.
Trop familier ne soit au regarder,
Ne trop hardy quant vient à brocarder.
Danger y a se jouer à son maistre.   20

---

[1] An impressive tradition of the formula [il] *n'est que...*, here used in a literal rather than a comic sense, begins with such fifteenth century poets as Chartier and Villon and continues to the end of the following century. See my article, "Nicolas de Troyes and the Presumed Borrowings from *Pantagruel*, MLQ, XXII, 4, 348-9.

[2] Passive construction.

[3] Amphibology: i. e. *le serviteur*.

Songneusement est requis de veiller
Comme cellui qui a puce en l'oreille,
Sans que aucun vice à son seigneur conseille,
Ce qu'il lui fault, convient qu'il appareille ;
Ne plaindre peine à courir, traveiller ;
Sobre en menger, mesmes à babiller ;
Considerer[4] trois fois ce qu'il veult dire ;
En sa maison tout conduire et rigler
Par bon moyen, non de biens se aveugler ;
S'il est hastif, à moderer son yre.   30

Se son seigneur le transmet quelque part,
Honnestement doit faire son voyage,
Garder de faire à son semblable oultrage,
Ne pourchasser à ses subgectz dommage,
Car il ne scait quant d'avec lui depart
Aucunesfois faire son cas à part.
Mais qu'il n'y ait au maistre prejudice,
Ne à ses subgectz peult prendre bonne part,
Nompas ainsi que ung lyon ou lyepart,
Mais doulcement, en evitant malice.   40

Bon[s] serviteurs sont honorez, prisez,
Et les mauvais regardez à grant honte.
Se orgueil les suyt, supedite et surmonte,
De leur seigneur ilz tiennent peu de compte.
Quant l'appercoit, leurs gaiges sont brisez.
Se à mal parler ont engins aguisez,
Chassez seront ainsi que chiens de l'astre.
Servans, il fault que à ce cas advisez,
En regardant que c'est que devisez.
Peu vault cellui qui est acariastre.   50

---

[4] A-- *Mais regarder.*

WOODCUT 28

EXEMPLE[5]

Il fut ung empereur qui eut fantasie[6] de trouver ung bon et loyal serviteur. Et pour en recouvrer ung, ordonna et fist edict que ceulx qui vouldroyent estre à son service frappassent trois coups à la porte de son palaix affin qu'il fust adverty ce qu'ilz vouloyent, appetoyent et scavoyent faire.

Or, advint de cas de fortuit[7] qu'il y eut ung pouvre homme pour lors appellé Guido, lequel ayant la congnoissance de la loy et edict ordonné par ledit empereur et en rememorant sa fortune dist telz motz: —Je suis povre et destitué de tous biens mondains, de parenté et lignee vile; parquoy le plus expedient et meilleur que je puisse faire est de servir, et par mon service et labeur acquerir biens et richesses, que journallement vivre en ceste povreté et indigence.

A ce que dessus est dit se adventura approcher de la porte du palaix, et selon l'edict et loy imperialle frappa trois coups contre ladicte porte du palaix, auquel son le portier lui ouvrit la porte. Lui entré dedens, se prosterna à deulx genoulx devant l'empereur, le saluant, qui le receut amiablement et parla à lui en telle maniere:

—Mon amy, dy-moy ce que tu demandes.

Sa responce fut: —Estre en vostre service, si c'est vostre plaisir.

L'empereur lui demanda quel service il lui pourroit faire. Sa responce fut qu'il estoit experimenté en six services. Le premier, qu'il scavoit bien garder la personne d'ung grant prince, laver ses piedz, parer son lict et preparer viandes. Le second service, qu'il scavoit veiller quant les autres prenoyent repos, et dormir et reposer quant les autres veilloyent. Le tiers service, qu'il scavoit bien gouster vin et discerner mixtions de vins au goust. Le quattriesme, qu'il congnoissoit et scavoit inviter gens à quelque bancquet à l'honneur de cellui qui fait le convy. Le cinquiesme service, qu'il scavoit bien

---

[5] Oesterley, XVII, "De perfectione vite," pp. 301-11; Swan-Hooper, XVII, "Story of Guido, who rendered six kinds of service to a certain emperor," pp. 41-5.

[6] A, B-- *en sa fantasie.*

[7] Huguet gives no example of the adjectival phrase in which *fortuit* is a noun form.

faire feu sans fumee et eschauffer ceulx qui ont froit. Le sixiesme service, qu'il scavoit bien addresser le bon chemin et seure voye vers la Terre saincte en telle facon qu'ilz en retourneront[8] en santé.

L'empereur, oyant ses responces, lui dist: —Tu es digne de loyer, mais que tu faces ce que tu as dit; parquoy je te retiens pour l'ung de mes principaulx serviteurs.

L'empereur le voulut experimenter quant au premier point qui estoit touchant la garde de son corps, disant pour la premiere annee qu'il auroit la garde de lui; ce que Guido accorda. La premiere nuit para le lict, lui lava les piedz et se coucha tout armé à l'entree de l'huis, ayant avecques lui ung chien bien abbayant, affin que se quelcun venoit subit quant il dormoit, qu'il s'esveillast par l'abboy dudict chien, dont l'empereur fut content et eut aggreable ce premier service.

L'an revolu, l'empereur le fist seneschal pour venir à congnoistre son second[9] service. Guido, se voyant en tel honneur, tandis que l'esté dura ne cessa de assembler biens et veiller nuict et jour affin de faire provision pour l'yver. Et quant l'yver fut venu et que les autres veilloyent pour gaigner leur vie, il prenoit son repos. Ainsi accomplist son deuxiesme service. Ce voyant, l'empereur l'aima tresfort et se resjouyst d'avoir ung tel serviteur.

Puis appella son eschancon auquel il commanda qu'on baillast audit Guido dedens une couppe d'or du vin aigre, de tresbon vin, et du moust, c'est vin nouveau, affin de experimenter son tiers service; ce qui fut fait. Incontinent qu'il en eut gousté, dist:

—Il fut bon. Il est bon. Il sera bon. C'est à dire, le vin[10] nouveau sera bon, le bon vin est bon, et le vin aigre fut bon.

Ce voyant par l'empereur le vray jugement du vin meslé, lui commanda aller par tout son royaulme ès villes et chasteaulx pour inviter tous ses amis à ung bancquet qu'il vouloit faire au jour de la nativité de nostre Seigneur qui se devoit festiver en brief temps, et estoit pour son quattriesme service. Guido se transporta par les villes et chasteaulx et ne pria aucuns des amis de l'empereur, mais

---

[8] The future indicative of the verb is perhaps justifiable here on the basis of a strong desire to assure a safe return from the Holy Land. See Brunot and Bruneau (*Grammaire hist.*, p. 383) for an example of the *valeur suggestive* of a future tense.

[9] A, B-- *deuxiesme*.

[10] A, B-- *le moust ou vin*.

tous ses ennemis y furent invited, tant que le jour venu les ennemis de l'empereur estoyent en si grande quantité que la salle en estoit quasi toute plaine. Quant l'empereur les vit, il fut tout perturbé et appella Guido,[11] disant:

—Je ne te avoye pas baillé charge de inviter mes ennemis.

A quoy ledit Guido fist responce: —Tu as tes amis toutes les fois[12] que tu les veulx mander. Je t'ay amené tes ennemis, lesquelz par le moyen de l'honneur que tu leur fais de les convier à ton banc-quet, devant que departir ilz seront tous tes amis; ce qui advint, dont l'empereur fut plus resjouy que devant et dist:

—Benoist soit nostre seigneur qui a permis que tous ceulx qui souloyent estre mes ennemis sont aujourdhui mes amis.

En apres, l'empereur lui commanda faire le cinquiesme service qui est faire du feu sans fumee; ce qu'il fist, car en esté mettoit le bois au soleil et le faisoit seicher en telle maniere que incontinent le feu y prenoit,[13] dont on se povoit eschauffer[14] sans fumee.

L'empereur lui commanda faire le sixiesme service, lui promet-tant donner plusieurs richesses s'il l'accomplissoit; parquoy, le vou-lant acomplir, fist faire edict par le commandement de l'empereur que ceulx qui vouldroyent entreprendre le voyage pour aller à la Terre saincte fussent prestz et appareillez. Plusieurs le suyvirent jusques au port de mer. Et là venu, leur monstra ung roch sur lequel avoit ung nyd d'oyseau, leur disant que audit nyd y avoit sept oeufz. Et ledit oyseau y[15] prenoit grande delectation, et estoit sa nature telle que quant la mer estoit doulce et transquille, jamais ne partoit de son nyd, mais elle se enfloit par ventz impetueux, in-continent qu'il en sortoit dehors, en telle facon que ceulx qui pour lors estoyent sur mer estoyent peris et noyez en la mer.

Les assistans luy demanderent comment ilz pourroyent cognoistre si l'oyseau estoit en son nyd ou non; auquelz Guido fist responce que jamais ledit oyseau ne laissoit son nyd, si ce n'estoit par ung autre oiseau cruel qui ne taschoit que à lui casser ses oeufz et lui[16] gaster son nyd.

---

[11] A, B-- *ledit Guido.*
[12] A, B-- *touteffois.*
[13] A, B-- *se y prenoit.*
[14] A, B-- *chauffer.*
[15] A, B-- *y* lacks.
[16] A, B-- *lui* lacks.

Les voyagiers lui demanderent comme on pourroit garder[17] que ledit mauvais oiseau ne grevast cellui qui estoit en son nyd. Sa responce fut que le mauvais oiseau ne hayoit chose au monde plus que le sang d'ung aigneau et qu'il convenoit[18] en asperger et[19] enrouser ledit nyd affin de garder ledit mauvais oiseau d'en approcher; ce qu'ilz firent. Et par ce moyen allerent et revindrent[20] sains et sauves en la Terre saincte.

Ces choses voyant, l'empereur, et la prudence dudit Guido, lui fist biens innumerables.

FANTASIE ET APPLICATION A L'HISTOIRE PRECEDENTE

Par ceste empereur on peult entendre et figurer Dieu, nostre Pere createur, qui a ordonné que qui heurteroit trois coups à la porte de l'Eglise militante, c'est à dire, par oraison, jeusne, et aulmosne, qu'il seroit aggreable à Dieu et, par consequent, auroit le souverain bien qui est la vie eternelle.

Par Guido, povre homme, on peult signifier tout homme yssant du ventre de sa mere, car on n'apporte nulz biens en ce monde, et si tost que l'homme est né, en recevant le sacrement de baptesme il promect à Dieu faire six services aggreables.

Par le premier, qui est garder le corps de son seigneur tout armé, se peult entendre que qui veult estre serviteur de Dieu doit estre armé des armes de vertu, affin que nulle temptation n'entre en la chambre de son cueur pour faire quelque offence à son seigneur. Et est requis avoir ung chien, qui se peult entendre bonne conscience qui murmure contre les vices, et aussi qu'il prepare bien le lict de son cueur par oeuvres de misericorde et change les draps, c'est assavoir, les vices en vertus par contriction de cueur. Laver aussi deux fois les piedz à son maistre se peult entendre plorer ses pechez et avoir de son meffait confession, contriction et satisfaction.

Le second service est que nous avons promis veiller en bonnes oeuvres quant les autres s'endorment en leurs pechez. Par le juge-

---

[17] A, B-- *comme il estoit possible garder.*
[18] A, B-- *estoit requis.*
[19] A, B-- *ou.*
[20] A, B-- *retournerent.*

ment du vin aigre meslé avec bon vin et moult se peult entendre que mort endurer et souffrir martyre. Et penitence a esté bonne chose aux sainctz et sainctes qui ont vescu en ce monde.

Par le bon vin est entendu que les martirs boyvent doulx bruvage au ciel, et par le moust qu'on aura joye inestimable quant le corps et l'ame seront joinctz et unis ensemble au jour du jugement.

Le quatriesme, qui est inviter les hommes au bancquet de son maistre, et à ce que Guido y a invité ses ennemis, se doit entendre que l'homme vertueux doit inviter les ygnorans et ceulx qui sont pecheurs à l'encontre de Dieu à bonnes oeuvres et à delaisser leur peché.

Le cinquiesme service, qui est de faire du feu sans fumee, peult estre entendu que qui veult parvenir au royaulme celestiel, il est requis n'avoir aucune fumee de hayne ne rancune en son cueur à l'encontre de son prochain.

Le sixiesme service, c'est qu'il faut enseigner la voye de la Terre saincte, qui se peult entendre vers le ciel. Et qui y veult pretendre, il fault passer par la mer qui se peult entendre ce monde. Par le roch qui est au meillieu de la mer se peult entendre le corps humain. Et par le nyd le cueur de l'homme. Par l'oiseau le Sainct Esprit qui y reside par vertu de baptesme. Par les sept oeufz les sept dons du Sainct Esprit, lequel, pourveu qu'il reside continuellement dedens le nyd, c'est à dire,[21] dedens le cueur, on pourra facilement passer à la Terre saincte que prenons pour la vie eternelle. Et qui veult tousjours[22] avoir le Sainct Esprit en son cueur, le doit asperger du sang de l'aigneau, c'est assavoir, de avoir continuelle memoire et recordation en nostre cueur de la passion de Jesus. Et se ainsi le faisons, l'oyseau contraire, c'est assavoir, le diable d'enfer, ne nous pourra garder de parvenir à la Terre saincte qui est la gloire de paradis.

---

[21] A, B-- *c'est assavoir.*
[22] A, B-- *avoir tousjours.*

XXVII

DE PARFECTION DE VIE

   Cellui requiert avoir pugnition
Qui rompt la loy par le prince establie,
Car il la fait à bonne intencion.
Au subgect n'est bailler correction
A son seigneur; puissance a ennoblie.
Ung estourdy, qui ceste loy oublie,
Cuide que nul ne congnoisse son cas.
Se contre droit quelque chose publie,
Force lui est en la fin qu'il supplie.
Aucunesfois n'est requeste accomplie.   10
Tousjours n'est creu le conseil d'advocatz.

   Celluy sage est qui veult temporiser.
Comme le temps peult venir, le fault prendre,
De soy cuider, haulcer, auctoriser,
Par trop parler autrui scandaliser.
Qui n'a mal fait, on en est à reprendre.
Aucunesfois on veult trop entreprendre,
Mais on se brusle en prenant chault trepié.
On dit tel prent à qui fault le sien vendre.
Mais quant il veult à bonne fin pretendre,   20
Ung tel en parle et ne le scait entendre.
On ne scait pas ce que l'asne a au pié.

   Labourer fault qui veult vivre et menger,
Ou autrement on n'est digne de vivre.
Par trop de biens souhaicter de legier

WOODCUT 29

Plusieurs se sont mis en tresgrant dangier.
Si est requis conseil des bons ensuyvre.
Dieu a baillé à Moyse certain livre
Où sont escriptz tous ses commandemens.
Observons-les, puis que en nos mains les livre,   30
Car qui les rompt vault pire que ung homme yvre
Et a le cueur plus venimeux que cuyvre
Où l'eaue croupist, ou que agus ferremens.

Mais qui nous meult des choses enquerir,
Qui[1] aucunement ne peu[v]ent aider ne nuyre,
Nous n'y povons nul honneur acquerir,
Se l'eaue cuydons amont faire courir,
C'est tout abus, ne soleil de nuict luyre.
Le fol aussi vouloir le sage instruire
N'y a propos: c'est par trop entrepris.   40
Laissons seigneurs en leur triumphe bruyre,
Dames aussi resjouyr et deduyre.
Pensons de nous bien rigler et conduyre;
Ainsi de nul nous ne serons repris.

EXEMPLE[2]

Il fut ung empereur[3] qui eut en fantasie par le conseil d'ung nigromancien[4] ordonner telle loy que qui ne celebreroit tous les ans le jour de la nativité de son filz, c'est assavoir, cesser de toutes oeuvres mecaniques le propre jour qu'il fut né, il seroit mis à mort. Or, est-il

---

[1] A, B-- *Que.*

[2] Oesterley, LVII (XLIX), "De perfectione vite," pp. 357-9; Swan-Hooper, LVII, "Of the speaking statue in Rome, and of the wisdom of Focus the carpenter," pp. 96-9. It is probably not a coincidence that the terminal examples in the *Fantasies* have identical titles in the *Gesta*. Gringore concludes his adaptations with a return to the themes of the astute counselor and the good prince.

[3] Titus.

[4] "Magistrum Virgilium" (ed. Oesterley).

ainsi que l'empereur doubtoit que aucun secrettement ne fist contre son commandement. Et ce voyant, par ledit nigromancien fist une statue par art magicque, qui disoit et reveloit à l'empereur tous les maulx et secretz pechez que on commettoit le jour qu'on devoit festiver ladicte solemnité. Et ainsi par l'accusation de ceste statue plusieurs estoyent condampnez à mourir.

En ce temps estoit en la cité ung forgeron nommé Focus qui besongna ce jour ainsi qu'il avoit fait les autres jours. Et quant il fut couché en son lict, lui print une fantasie, considerant que plusieurs estoyent accusez par ladicte statue et puis mis à mort; parquoy se leva le plus matin qu'il lui fut possible, alla devers ladicte statue et lui dist telles parolles :

—O statue, statue, plusieurs meurent par toy à cause de ton accusation, mais[5] je fais veu à mon Dieu que si tu me accuses, je te rompray la teste.

Et incontinent ledit Focus s'en alla à[6] sa maison faire sa besongne.

Advint que l'empereur, ainsi qu'il avoit de coustume, envoya devers ladicte statue pour scavoir se quelcun avoit rompu son ordonnance. Les messagiers arriverent devers elle, lui demandant s'il y avoit homme qui eust contemné la loy establie par l'empereur, ausquelz ladicte statue fist telle[7] responce :

—Regardez l'escript qui est en mon front, et puis en allez faire le recit à vostre maistre.

Les messagiers regarderent sur le front de ladicte statue et apperceurent manifestement trois escripteaulx. Au premier estoit escript : *Tempora mutantur. Homines deteriorantur. Qui voluerit veritatem dicere caput fractum habebit.* Le premier escript est : *Tempora mutantur,* c'est à dire, *Le temps se change.* Le second : *Homines deteriorantur; Les hommes empirent.* Les tiers : *Qui voluerit veritatem dicere caput fractum habebit,* c'est à dire, *Celluy qui vouldra dire verité aura la teste rompue.*

Incontinent les messagiers firent le rapport à l'empereur des escriptz predictz. L'empereur envoya querir ses chevaliers à qui il commanda estre armez et aller à ladicte statue demander[8] qui estoit

---

[5] A, B-- *mais* lacks.
[6] A, B-- *en.*
[7] A, B-- *telle* lacks.
[8] A, B-- *aller devers ladicte statue s'enquerir.*

celluy qui avoit contredit son edict, mesme qui avoit menacé ladicte statue, et que s'il estoit trouvé, qu'il fust emené[9] piedz et poings lyez devant[10] luy.

Les chevaliers firent le commandement de leur prince et seigneur. Et quant ilz furent devant la statue, luy dirent[11] comme l'empereur vouloit qu'elle leur monstrast ou advertist de[12] celluy qui par oultrecuidance avoit contemné la loy, et aussi qui la menassoit, et que l'empereur estoit deliberé en faire cruelle pugnition.

La statue leur dist: —Prenez le forgeron Focus, car c'est celluy qui nuict et jour offence la loy et me menace.

Incontinent ledit Focus fut prins et mené devant l'empereur qui assez benignement le redargua en disant: —Mon amy, pourquoy est ce que tu viole[s][13] la loy par moy ordonnee?

La responce de Focus fut:[14] —Monseigneur, je ne puis garder la loy pource qu'il me convient avoir tous les jours huyt deniers, ce que ne puis[15] sans grant peine.

L'empereur lui demanda pourquoy. Focus s'excusa disant que chacun[16] jour lui falloit rendre II deniers qu'il avoit empruntez en sa jeunesse; aussi qu'il en prestoit deux autres, en perdoit deux, et en despendoit deux.

L'empereur voulut estre informé plus clerement touchant ce cas; parquoy Focus lui dist: —Monseigneur, je suis tenu donner pour chascun jour deux deniers à mon pere, pource que durant ma jeunesse mon pere les despendoit pour moy. Or est mon pere devenu povre et vieil. Si ne le vueil laisser en necessité, mais lui subvenir à[17] son affaire, congnoissant le bien qu'il m'a fait de me eslever jusques à ce que j'aye eu puissance de gaigner ma vie. Les deux autres deniers, je les preste à mon filz que je entretiens à l'estude, affin que se d'aventure je deviens vieil et povre comme mon pere, mon filz face envers moy ainsi que je fais à mondict pere. Les deux autres deniers, je les pers, car pour entretenir et nourrir ma femme, forcé

---

[9] A, B-- *amené.*
[10] A, B-- *par devers.*
[11] A, B-- *l'advertirent.*
[12] A, B-- *de* lacks.
[13] Note orthography; idem A and B.
[14] A, B-- *fut telle.*
[15] A, B-- *je ne puis.*
[16] A, B-- *par chascun.*
[17] A, B-- *en.*

me est les bailler. Et toutesfois elle est tousjours de oppinion contraire à la mienne. Elle est plaine de sa propre voulenté, caulte, et subtille envers moy; parquoy je pers ce que je luy baille. Les deux autres deniers, j'en metz une partie en vestemens, et l'autre partie je l'employe[18] à boire et menger. Si ne scauroye faire plus chichement que je fais. Ainsi suis contrainct besongner par chascun jour ou estre en necessité.

L'empereur fut content de ses excusations et luy pardonna son meffaict, permettant qu'il besongnast quant bon lui sembleroit, loyallement ainsi qu'il avoit accoustume. Mais peu de temps apres ledit imperateur se acquita du tribut naturel. Advint que pour la prudence dudit Focus, il fut esleu par les sages à gouverner l'empire où il se monstra moult[19] vertueux. Et apres sa mort on mist sa staque avec les autres statues des imperateurs. Et sur le chief d'icelle on mist[20] huyt deniers pour perpetuelle memoire.

EXPOSITION

Par cest empereur povons fantasier le roy celeste qui a fait une loy que qui violleroit le sabbat, c'est pour le jourdhuy le jour de dimenche et autres festes comme l'Eglise l'a ordonné, il mourroit de mort. Mais pour le temps de maintenant plusieurs y a qui commettent plus de pechez aux jours solemnelz que à ceulx où il est permis labourer et ouvrer.

Telles gens sont comparez au poisson de mer, car quant il fait quelque frimas ou petite pluye, et il s'eslyeve ou saulte sur l'eaue et est frappé d'icelle pluye, il est quasi hors mort et hors d'allaine jusques à ce qu'il se soit rassasié et ait reprins sa vertu et plaisance dedens l'eaue de la mer. Semblablement les mondains qui sont en la mer de ce monde, quant ilz sortent ou saillent dehors de leurs besongnes pour aller à l'eglise ouyr quelque messe ou sermon, il leur semble qu'ilz ne sont pas bien à leur aise, mais en grande misere, jusques à ce qu'ilz soyent rassasiez des choses mondaines.

Par le magicien qui a fait la statue povons entendre le Sainct

---

[18] A-- *les.*
[19] A, B-- *moult* lacks.
[20] A, B-- *on mist* lacks.

Esperit qui parle par la bouche des prescheurs pour nous annoncer les vertus et reprendre nos pechez.

A ce qu'il y a escript sur la statue: *Le temps se change,* nous le povons figurer pour[21] la primitive Eglise, car ilz estoyent plus promptz de vacquer à prieres et oraisons qu'ilz ne sont aujourdhuy. La terre produisoit son fruict plus abundamment, et les elemens changent souvent de proprietez pour les pechez des hommes.

Le second est: *Les hommes empirent,* comme nous voyons clerement. Au temps ancien les gents estoyent plus devotz, aulmosniers et charitables qu'ilz ne sont pour le jourdhuy.

Au tiers escript qui est: *Qui vouldra dire verité, il aura la teste rompue.* Pour le jourdhui si ung pescheur veult declarer les pechez des riches et puissans, il y aura plusieurs murmurateurs à l'encontre de lui, et sera menacé selon le dict de Esaye qui dit en son xxxie chapitre:[22] *Loquimini verba placentia,* c'est à dire,—Dictes motz plaisans et aggreables.—Et pour ceste cause, dit l'apostre, il sera ung temps que verité ne sera point soustenue pour la maison d'Israel.

Par Focus le forgeron povons entendre ung chascun bon chrestien qui continuellement labeure en bonnes oeuvres et operations charitables. Et doit donner par chascun jour deux deniers à son pere celeste, c'est à dire, amour et honneur. Amour pource qu'il nous a tant aymez qu'il a permis son seul filz descendre du ciel et pour nos pechez souffrir villaine mort. Honneur pource que toutes choses procedent de luy, et sans luy nous ne povons faire aucun bien.

Les deux deniers que prestons à nostre filz est celluy dont parle Esaye disant: —Le petit enfant est né pour nous;[23] parquoy lui devons bailler deux deniers par chascun jour tandis que sommes en ceste mortelle vie. C'est bonne voulenté et bonne operation. Quant nous serons povres au jour de jugement et que nous apparoistrons comme nudz, il nous rendra les deux deniers en la vie eternelle, comme

---

[21] A-- *par.*

[22] The Oesterley edition (p. 359) reads: "Unde Ysaias: Loquimini verba placencia! Et ideo apostolus: Erit enim tempus cum sanam doctrinam non sustinebunt. Focus est quilibet bonus christianus...", The source of the quatotion, not mentioned in the Oesterley version, should read Isaiah, xxx, 10-11. Cf. the concordance in an early printed *Biblia alphabetica* by Henricus Regius (Cologne, Melchior Nouestanus, 1535, unpag.): "Loq[ui]mini nobis placentia, videte nobis errores, & cesset afacie nostra sanctis Israel."

[23] Isaiah, ix, 6. The Oesterley version reads: "Certe ille, de quo Ysaias: Parvulus enim natus est nobis etc. scil. filius dei."

il est escript: —Vous prendrez cent fois au double et aurez la vie eternelle.

A ce que nous perdons deux deniers que nous baillons à nostre femme on peult entendre nostre malheureuse chair, laquelle est chascun jour contraire à nostre esprit. Et se peuvent entendre les deux deniers que lui baillons mauvaise et folle voulenté et mauvaise operation. Nous perdons ces deux deniers, c'est à dire que nous serons pugnis de noz mesfaictz en ce monde-cy ou en l'autre.

A ce que nous despendons deux deniers sur nous-mesmes chascun jour, il s'entend que nous aymons Dieu et nostre prochain comme nous-mesmes. Si est requis exposer sagement les biens qu'on acquiert, qui veult parvenir à la joye eternelle.

* * *

L'ACTEUR

Prenez en gré, princes, seigneurs, prelatx,
Ioyeusement les fantasies predictes.
En les faisant l'acteur a prins soulas.
Redarguez doulcement les redictes.
Raison par tout: dire ce mot n'est las,
En esperant à ses choses conduictes.

Gloire et honneur soit[24] à gens congnoissans,
Rememorans les oeuvres qu'on a faictes.
Il est requis avoir port des puissans,
N'estre rebelle aux povres languissans.
Grant ouvrier est qui fait choses parfaictes.
Or, je supplie à rethoricques testes:
Remettre au neant faultes.[25] Il est facile.
En composant chascun n'est pas Virgille.

Raison par tout.[26]
Finis.
On les vent à la fleur de lys d'or en la rue S. Jacques.[27]

---

[24] A-- *sont*.
[25] Epic cesura.
[26] See Gringore's emblem.
[27] Address of Jehan Petit. A handwritten notation at the bottom of this folio reads: "ex Dono, Domini Imbert... 172?"

APPENDIX I

ENSUYT LE PRIVILEGE DONNÉ À PIERRE GRINGORE, DIT MERE SOTTE

Francois, par la grace de Dieu roy de France, aux prevost de Paris, baillif de Rouen, senechal de Lyon et à tous autres justiciers et officiers ou à leurs lieutenans salut. Recevé avons humble supplication de Pierre Gringore, contenant qu'il s'est appliqué à ditter et composer ung livre intitulé *les Fantasies de Mere Sotte* où il a vacqué par long temps. Et tant en ce faisant, que aussi à faire pourtraire et tailler plusieurs histoires pour la decoration dudit livre et conformes aux matieres contenues en ycellui, ledit suppliant a employé son temps et despendu grans deniers, lequel livre ledit suppliant tant pour recouvrer partie de ses mises et vacations que pour donner plaisir et recreation aux lysans et escoutans les faictz contenus audit livre il feroit volontiers imprimer; mais il doubte que incontinent ladicte impression faicte que autres que ceulx à qui il en aura donné charge le voulsissent semblablement faire imprimer, et que par ce ilz emportassent le prouffit de son labeur et vacation; et que de icellui il fust privé se par nous ne luy estoit pourveu et subvenu de nostre gracieux et convenable remede, humblement icellui requerant; parquoy nous toutes ces choses veues et considerees, non voulans audit suppliant demourer inutil son labeur et vacation, à icellui avons donné et ottroyé, donnons et ottroyons de grace especial par ces presentes congé, licence, permission et ottroy que lui seul puisse par telz libraires que bon lui semblera de nostre dicte ville de Paris, Lyon, Rouen, ou autres faire imprimer ledit livre par lui dicté et composé, intitulé *Les Fantasies de Mere Sotte,* durant le temps et terme de quatre ans prochains venans; et sans ce que autres libraires ne autres que ceulx qui auront de lui charge et licence se puissent ingerer, imprimer, ne faire imprimer ne vendre ledit livre ledit temps durant. Si vous mandons et commettons par ces presentes et à chascun de vous sur ce requis endroit soy et comme à lui appartiendra que de noz presens grace, congé, permission, et ottroy vous faictes, souffrez, et laissez ledit suppliant et ceulx à qui il aura donné charge de faire ladicte impression de sondit livre jouyr et user plainement et paisiblement. Et faisons inhibitions et deffences à tous autres libraires et autres quelzconques sur grosses et grandes peines à nous à applicquer et de prendre tout ce qu'ilz y mettront qu'ilz ne ayent à imprimer ne faire imprimer ne vendre ledit livre ledit temps durant sans l'expres vouloir et consentement dudit suppliant. Car ainsi nous plaist-il estre fait. Donné à Paris le xxvii° jour d'octobre l'an de grace mil cinq cens et seize, et de nostre regne le deuxiesme. Par le roy à vostre relation.

Ainsi signé Des Landes.[1]

---

[1] See *Cat. des actes de Fr. Ier,* VII (Paris, 1896), 414, n. 25327: "Mandement au bailli de Dijon de mettre Jean Deslandes et Jean Courtot en possession des offices de notaires royaux en tabellionnage de Beaune, dont ils ont les provisions, nonobstant toute opposition (Textes d'actes non datées)."

APPENDIX II

GLOSSARY

Unless otherwise noted the present list is compiled from B. N. Rés. Ye 291 (D). No attempt has been made to cite orthographic or morphological variants except for the sake of clarity.

Abolis: détruits.
Abbayant: aboyant.
Abbays (subst., masc.): abboys.
Absconser (se): se cacher.
Abus: erreur.
Accoller: embrasser.
Accoustree: préparée, arrangée.
Acquester: acquérir.
Acquit (subst. m.): action de s'acquitter d'une obligation.
Acteur: auteur.
Adresseray (adresser): diriger (la marche).
Adventure: (bonne) fortune, chance; être en adventure: être sujet à la mauvaise fortune; à l'adventure (que): peut-être; c'est grande adventure: de résultat douteux.
Adviser: prendre garde.
Affaire (être de bon): être loyal, serviable.
Affiner: réduire.
Affoller: frapper, blesser.
Afin (adj.): voisin.
Afin, affin (subst, masc.): parent.
Agu: aigu.
Agus: aigues, eaux.
Alleguer: indiquer.
Alloy: aloi.
Amee: aimée.
Appeter: désirer, rechercher.
Appetisser: amoindrir, diminuer.
Appoinctement: accord.
Appoincter: se mettre d'accord par conciliation ou par jugement, réconcilier.
Aprise (apprendre): allumé, enflammé.
Arene (fem.): sable.
Arguer: argumenter.
Argus (prendre argus): chercher querelles.

Arroy (arroi): état; équipage, train.
Art (ardre): brûler.
Assemblement: ensemble.
Astre: cimetière.
Atiter: séduire.
Attache: reproche.
Attrairoit (attraire): attirer.
Attrempance: modération.
Auctoriser (se): soutenir, confirmer.
Aucun(e): quelque.
Aucunement: quelque peu.
Aulmosner: faire l'aumône.
Aulmosnier (adj.): charitable, faisant volontiers l'aumône.
Aulnes: aunes.
Aumere (aumaire, aumoire): coffre, armoire.
Auxiliateur: celui qui porte secours.
Accoustumé (avoir): avoir l'habitude.
Avoultres (subst., masc.): bâtards.

Baston de ma vieillesse: celui qui est le soutien, l'appui d'un vieillard.
Baveresses: bavardes.
Bellistre (masculin): bélître (fig.).
Bigotter: agir en bigot.
Billes (jouer aux): jouer à la balle.
Blandies: douces, flatteuses.
Blason(s): langage, propos.
Blasonner: attaquer, critiquer.
Blasonneur: bavard.
Brief (de): bientôt.
Brocarder: railler.
Brocart: raillerie.
Brouyr: brûler.
Bruyre: faire du bruit.
Buffes: coups.

Cabas: vol, tromperie, trouble.
Cas: affaire. Sonner cas: Cf. Cotgrave: Hollow or broken sounded, hoarse like a bell that hath got a craze, or the voice of one that hath a cold.
Castille: querelle.
Caulte: avisé.
Cauteleux: rusé.
Cautelle: ruse.
Ce: cela.
Celestiel: céleste.
Celuy, celle, ceux, celles: (adj.; pronouns); il n'y ait celui: il n'y ait personne.
Cestui: cet.
Chartre: prison.
Chascun (ung): (adj. & pron.).
Chaloir: avoir de l'importance.

Chemin (aller le chemin plein): s'en tenir aux moyens connus, aux usages établis.
Chief: tête
Chiere (faire): faire bonne mine à qqn, traiter affectueusement.
Choir, cheu: tomber.
cil: celui.
Cler: savant.
Clergeau: petit clerc (not ecclesiastical sense).
Clocher: boiter.
Clouestriers: moines.
Cloistre: espace clos.
Colaphisé: souffleté.
Collee: accolade.
Comme: comment.
Commettre: Cf. Cotgrave: to assign, enjoin...; commis: envoyé.
Comparoir: paraître.
Compas (par): selon une mesure exacte. Cf. Du Bellay, *Jeux rustiques*, XXX.
Condigne: juste.
Conduictes: utiles.
Confes: confesseurs.
Conquerre: conquérir.
Consolé: réjoui
Contemner: mépriser.
Contens (contemps): dispute.
Contrefaire: imiter.
Contremont: en remontant le cours.
Convy: festin.
Coquardes (subst., fem.): sottes, outrecuidantes.
Coulte (ne haulce pas le...): ne pas avoir de hautes prétentions.
Couraige (muer de): changer de sentiments.
Courcer: courroucer.
Couroux: affections, douleur.
Courroucé: affligé.
Courtaultz: cheval à jambes courts servant surtout pour le voyage, pour le transport des bagages.
Couvert: dissimulé.
Circuyr: faire le tour de.
Criminellement: sévèrement.
Crucifiix (menger les...): pratiquer la dévotion avec excès.
Crueur: sang versé, cruauté.
Cuider (soy), cude, cuydans: s'essayer, croire.
Culz: jupons rembourrés.
Curer: chercher à guérir.
Cy: ici.

Darde (subst., fem.): dard.
Darder: piquer.
Dart: (viz. darde).
Damp: dommage, malheur.
Debouter: pousser dehors, faire sortir.
Deceptes: fraudes, tromperies.

Decevoir: tromper.
Decollé: décapité.
Decours (mettre en): abaisser.
Decouvrir: couler.
Deduit: plaisir.
Deduyre: plaire.
Deffaut: tort fait à qqn.
Deffuir (defuyt): fuir.
Delecteur: ravi.
Deliberé: résolu à.
Delicativement: délicatement.
Demaine: domaine.
Demourra: (fut.) demeurer.
Dent (avoir la): avoir de la rancune.
Departir: séparer, distribuer.
Depuis (du): depuis ce temps.
Deschaulx: déchaussés.
Descroter: (sens libre). Cf. Rabelais, II, 26: "Sainct Balletrou qui dedans y repose decrottera toutes les femmes".
Desirants (être): Cf. Cotgrave: desiring,... lusting after.
Desmettre: priver d'une charge, d'une dignité.
Despit(z): dépité.
Despriser: mépriser, traiter avec mépris.
Deult (see douloir).
Desvier (devye): tuer, faire mourir.
Desvitailler: priver de vivres.
Devis (faire): conversation, propos.
Deviser: parler.
Devoir (acheter à): acheter à crédit, avec obligation de payer.
Dicter: composer un écrit.
Diffame: honte, deshonneur.
Differer: rester.
Dilection: amour, affection:
Discipline (prendre): recevoir des pugnitions.
Ditz: paroles.
Donner: attribuer.
Dont: d'où.
Douer: doter.
Douloir (se): se plaindre.
Dragme (fem.): drachme.
Dresseurs de coquilles: apprêteurs de tromperies.
Duire: conduire, dresser.
Duysante: convenable.

Empenné: garni de plumes.
En: on.
Engelé: gelé.
Engins: esprits.
Ennuy (variant): aujourd'hui.
Ennuyeux: mécontent.
Enormal: excessif.
Enrouser: arroser.

Enseignes: indications, renseignements.
Ensuyvre: suivre.
Entour: alentour.
Erreur: celui qui erre.
Esbahir (se): étonner, s'étonner.
Esbars (faire les): s'ébattre.
Eschaulder: faire tort.
Escondire: refuser.
Escripteaulx: inscriptions.
Escu: écu, bouclier.
Esjouyssance: réjouissance.
Eslongé: éloigné.
Eslyre: choisir.
Esmerveillable: merveilleux.
Esmeult (esmouver): agiter.
Esmouvoir (s'): exciter.
Espante (espoanter): épouvanter.
Esperer à: prévoir, attendre.
Esse pas: n'est-ce pas.
Est: il faut; que c'est de lui: ce qu'il faut de lui.
Estatz (porter les grans): porter de riches costumes, de grandes parures.
Estatus: statuts.
Estomach: poitrine.
Estoupper: boucher.
Estourbillon: discord.
Estours: combats.
Estranges: étrangers.
Estranger: exiler.
Estrif: malheur.
Estudie: soin, effort.
Esvertuer: fortifier.
Eulx (inf.): se.
Euvrer: faire, créer.
Exercité: armée.
Exquis: excellent, parfait.

Fable: récit, histoire.
Faconde: éloquence.
Faictz: oeuvres, actions.
Fainct: sans ardeur.
Fame: renommée.
Fantasie: inclination, disposition; volonté; imagination, esprit; idéé, conception.
Fantasier: imaginer; troubler, tourmenter.
Fantasier (se): s'imaginer; s'affliger
Fantasié (être): rendre soucieux, troubler; étonner.
Fantasieux: fantasque; soucieux, rêveur.
Farder: charger.
Faulteur: celui qui a fait une faute.
Fautier (fault): être sujet à commettre des fautes; être sujet à l'erreur.
Fayre: foire.
Feal: fidèle.

Feaulx (adj. subst.): fidèles; amis fidèles.
Feisse: fasse.
Felle: cruelle, méchant.
Ferremens: fermentent.
Festiver: fêter.
Feu (couvrir au...): cacher de la lumière ou de la chaleur.
Ficher (se); ficher un regard: s'attacher.
Finer: finir, achever.
Fidelium (on les passe à ung): mettre tous ensemble, sans distinction.
Fier: cruel, méchant.
Figurer: comparer.
Fin: but.
Fois (à la): une fois.
Foncer: payer, donner de l'argent.
Force est: est nécessaire.
Forfait (faire ung): commettre un crime.
Formosité: beauté.
For(s): fort(s).
Fors en: excepté en; ne... fors que: si ce n'est.
Fortune (si de cas de): si par hasard.
Fourvoyer (se): se détourner, s'écarter.
Franc (adj.; subst): libre; homme franc.
Franchise: liberté.
Frapper de taille et d'estoc: frapper de la pointe et du tranchant.
Fust: bois.

Gard (Dieu): (formule de salutation).
Gaudie: folâtre.
Gectz: liens, pièges.
Gehaine: torture.
Germain: frère.
Glaive: lance.
Gouliard: homme de joyeuse vie.
Grever: nuire à, faire du mal à; faire souffrir.
Grief: cruel, nuisible.
Grossiers: marchands en gros (et probablement certains autres marchands).
Grumeler: grommeler.
Guerdonné: récompensé; dédommagé.
Guerdons: récompenses.
Gueres (pas): pas très.
Guernier: grenier.

[H]abilité (Lat. *habilitas*): aptitude.
Hastif: impatient.
Haulbins: chevaux écossais ou anglais.
Hausser de propos (se): parler avec plus de force.
Hayant: haïssant.
Hayoit: (imp., haïr).
Heriter: mettre en possession; être hérité par: recevoir en héritage ou autrement.
Heurt: chemin, sentier.

Honte: mépris.
Honteux: timide.
Hoste: armée, ennemi.
Houser: botter.
Huis: porte.

Icelui, icelle, iceux, icelles: (adj.; pron.).
Impérialité: gouvernement impérial.
Inclin(e): enclin(e).
Incontinent: aussitôt, sur-le-champ.
Infame (faire): perdre de réputation.
Inobédience: désobéissance.
Insipience: insipidité.
Interest: dommage.
Impetrer: obtenir.
Impropere: honte, déshonneur.
Ingerer (se): faire entrer dans l'esprit.
Inventifz (subst.): inventeurs.

Jacoit ce que: quoique.
Jeun (tout) (loc. adv.): qui est à jeun.
Jeux: maisons de jeux.
Joindre (subst., masc.): rencontre.
Jouer à: jouer avec.
Journees: batailles (sens moderne).
Juc: jusque.
Justiciers: juges.

Ladre: lépreux.
Laidenger: outrager, maltraiter.
Lame (fem.): pierre de tombeau.
Langourir: être languissant.
Larder: railler.
Las (masc.): le malheureux.
Las (lacs, laz): lacets.
Latiter: cacher.
Lay: le.
Legier: vite.
Legierement: vite.
Lequel: (relatif & interrogatif).
Lettre (avoir belle): avoir le privilege, l'assurance.
Lieu: origine, naissance, condition.
Livrer: se mettre sous le pouvoir de.
Locher: branler.
Lors (à lors que): alors.
Loy (avoir): droit.
Lyepart: léopard.
Lyesse: joie.

Maculé: taché.
Main (de l'une main font l'autre): user de divers expédients.
Mais que: quand; pourvu que.

Malfaict: mauvaise action, crime.
Malfaiteurs (malfaiteures): malfaisances, violences.
Manifeste: visible.
Maritalle: conjugale.
Marrir: affliger.
Mecaniques: manuels.
Medicinable: médicinal.
Mener (me menrez): (sens moderne) je me mènerai.
Meretrice: courtisane.
Mesmement que: surtout parce que, d'autant plus que.
Mes (ne): ne... plus.
Mesbahis: mauvaise conduite.
Meschant: malheureux.
Mesgnee: ensemble des serviteurs, des familiers de la maison.
Mesprison: faute, action coupable.
Mettre sus: mettre en branle.
Meuble (adj.): mobile.
Mouvoir: inciter.
Meurir: hâter.
Miche: pain.
Millours: milords (mot anglais).
Mixtions: mélanges.
Moriginé (bien): de bonnes moeurs.
Motif de: cause de.
Moult: beaucoup; (viz. moust).
Moust: moust, vin doux.
Moy: me.
Moyen: intermédiaire; par moyen; avec modération.
Motif: cause.
Musser: (mucez);
Murmurateur: celui qui blâme.
Muser: regretter une occasion perdue.
Mynes (faire les): manières.

Nager (Entre deux eaues appetent de): se ménager entre deux partis, ne s'attacher â aucun.
Nature: parties sexuelles.
Navré: blessé.
Ne: ou.
Necessitez: privations.
Nephas: action illégale.
Nigromancien: nécromancien, enchanteur.
Nonchaloir: ne pas songer à, oublier, ne pas s'occuper de.
Nonchalloir (subst.): insouciance; mettre en nonchalloir: négliger.
Notees: qui ont des taches (sens moral).
Noysives: querelleuses.
Nully: quelqu'un.
Nuytamment: pendant la nuit.

Occir: tuer.
Oches: entailles.
Odorement: odorat.

Oigndre: flatter, caresser.
Oppresse: oppression.
Ort: sale.
Ost: armée.

Paction: pacte.
Paistre (masc.): nourriture (sens figuré).
Palliateur: celui qui dissimule. Cf. Cotgrave: a cloaking..., hiding.
Pas: seuil.
Pardons: indulgences.
Parfin (En la): à la fin.
Parfond: profond.
Pasques fleuries: dimanche des rameaux.
Passer: transporter.
Peine (à): avec peine.
Penetrative: pénétrante, profonde.
Permanable: éternel, permanent.
Pertinax: opiniâtre.
Pertuis: trou.
Pesneux (Plus pesneux que le fondeur de cloche): qui est en peine.
Phas: action légale, ce qui est permis.
Phebé (on lui joue du): un bon tour. Cf. Cotgrave: febé - a double secret.
Pipereaulx: filou qui trompe au jeu.
Plasmateur: créateur.
Poindre: piquer; attaquer, combattre.
Poincture: piqûre.
Poise: pèse.
Polimite: bigarré.
Pource: à cause de cela.
Pourchasser (se): se pourvoir, faire la quête.
Pourmener (se): se promener.
Pourtraire: dépeindre.
Predict: susdit.
Preschement: prêche, prédication.
Presse (pour vous est en): être tourmenté.
Prier: apaiser; être prié; être interrogé.
Privoiser (se): s'apprivoiser.
Propos (n'y a): Cf. Cotgrave: speech, discours, communication.
Propugnateur: défenseur.
Pulchritude (Lat. *pulchritudo*): beauté.

Querrer (quis): quérir.

Rables: râbles (d'une personne).
Raisnier: déclarer.
Rapineur: voleur, filou.
Rapteur: abducteur.
Rabriche (rebriche): remarque, rubrique.
Rechief (de): une seconde fois, de nouveau.
Recordz (J'en suis assez): je m'en souviens assez.

Recueil: accueil.
Redarguer: reprocher, critiquer.
Redonder: être en abondance, affluer; redonder à: revenir à, s'appliquer à.
Refaict: reconfort.
Regnie: (viz. raisnier).
Reprendre: reprocher, critiquer.
Reprise (faire): reprocher, critiquer.
Requoy (être à): être dans un lieu solitaire et paisible.
Reversures: ce que l'on a laissé au fond des verres et que l'on reverse dans un pot pour le donner aux domestiques. Cf. Cotgrave: reversailles.

Sans ce qu'il: sans que.
Sauvage (fort sauvage à congnoistre): difficile.
Sayettes: flèches.
Senestre: gauche.
Serfz: serviteurs.
Seullette: seule.
Si: pourtant.
Signé (être): être marqué.
Signet: bague avec un chaton.
Solz: (argent).
Songeart: songeur.
Soulas: réconfort.
Souldoyers: soldats mercenaires.
Souloir: avoir coutume de
Stabile: stable.
Suborner: Cf. Cotgrave: to allure into lewdness.
Substanter: nourrir.
Subvenir: aider.
Superer: vaincre.
Supernaturel: surnaturel:
Suppediter: subjuguer, dompter, mettre sous les pieds.
Syon: scion.

Tant (ne... tant que): autant.
Tast: le toucher.
Tenceresses (adj.): qui cherche querelle.
Terme (tenans termes) (terme ont): mot, parole; limite, terme.
Tollir: ôter.
Tousjourmais (à): toujours, à jamais.
Tracasser: aller et venir, sur place, pour de petites occupations.
Transmettre: envoyer; renvoyer.
Trasser: rechercher, poursuivre.
Traveillé: épuisé.
Trespercer: percer.
Tribu: tribut.
Trine: triple.

Unes: quelques.

Vigiller: veiller.

Vilité: vilenie.
Violenteur: violateur.
Vitupere (faire vitupere): vitupération.
Voirre: verre.
Voise: aille (aller).
Vueil: volonté.
Vulpines (adj.): de renard.

Yreux: irrité.
Ysnel: rapide.